Strafvollzug an alten Gefangenen

Würzburger Schriften zur Kriminalwissenschaft

Herausgegeben von Klaus Laubenthal

Band 39

PETER LANG

Stephanie Schwab

Strafvollzug an alten Gefangenen

PETER LANG

Bibliografische Information der Deutschen Nationalbibliothek
Die Deutsche Nationalbibliothek verzeichnet diese Publikation in der Deutschen Nationalbibliografie; detaillierte bibliografische Daten sind im Internet über http://dnb.d-nb.de abrufbar.

Zugl.: Julius-Maximilians-Universität Würzburg

Druck und Bindung: CPI books GmbH, Leck

Gedruckt auf alterungsbeständigem,
säurefreiem Papier.

D 20
ISSN 1618-078X
ISBN 978-3-631-80416-2 (Print)
E-ISBN 978-3-631-81557-1 (E-PDF)
E-ISBN 978-3-631-81558-8 (EPUB)
E-ISBN 978-3-631-81559-5 (MOBI)
DOI 10.3726/b16958

Peter Lang – Berlin · Bern · Bruxelles · New York ·
Oxford · Warszawa · Wien

Diese Publikation wurde begutachtet.

www.peterlang.com

Für meine Mutter

Vorwort

Die Arbeit entstand während meiner Tätigkeit am Lehrstuhl für Kriminologie und Strafrecht an der Julius-Maximilians-Universität Würzburg.

An dieser Stelle gebührt mein außerordentlicher Dank Herrn Prof. Dr. Klaus Laubenthal für die Gelegenheit zur Promotion, die eingehende persönliche und fachliche Unterstützung bei ihrer Durchführung sowie die Aufnahme der Arbeit in die „Würzburger Schriften zur Kriminalwissenschaft". Ohne seine Förderung und seinen Rat wäre diese Arbeit nicht zustande gekommen. Großen Dank schulde ich auch Herrn Prof. Dr. Helmut Baier, der nicht nur die Mühe des Zweitgutachtens auf sich nahm, sondern mir auch in wissenschaftlichen Belangen unterstützend zur Seite stand und zahlreiche Verbesserungsvorschläge gemacht hat.

Für ihr offenes Ohr und ihre hilfsbereite Art bin ich zudem unserer Lehrstuhlsekretärin Frau Maria Schenkel sehr dankbar. Mein herzlichster Dank gilt meiner Familie für ihre bedingungslose Unterstützung.

Inhaltsverzeichnis

Teil I: Einleitung und Problemstellung

Während im Jahr 1960 der Anteil der über 60-Jährigen an der Bevölkerung noch bei 17,4% liegt, ist dieser im Jahr 2015 bereits auf 27,4% angestiegen.[1] Das bedeutet eine Zunahme in Höhe von 57,5%. Mit einem Rückgang des Anteils der über 60-Jährigen kann voraussichtlich nicht gerechnet werden. 2016 beträgt der Anteil der über 60-Jährigen an der Bevölkerung 27,62%,[2] stieg also weiter an.

Migration, Geburtenrate und Sterblichkeit sind die drei wesentlichen Faktoren, welche die demographische Entwicklung beeinflussen. Nach einer Pressemitteilung des Statistischen Bundesamtes vom Januar 2016[3] ist ein deutlicher Trend zur zunehmenden Alterung der Bevölkerung erkennbar, der auch durch die hohe Zuwanderung der vergangenen Jahre nicht umgekehrt werden kann. Die Geburtenrate sank in den vergangenen Jahren deutlich. Während im Jahr 1960 in Deutschland 1 261 614 Kinder geboren wurden, waren es im Jahr 2015 nur noch 737 575 Kinder.[4] Auch wenn die Geburtenrate zuletzt wieder leicht anstieg,[5] kommen heute – bei gestiegener Lebenserwartung – weniger Kinder zur Welt als früher.

Seit der Veröffentlichung der ersten allgemeinen Sterbetafel von 1871/1881 lässt sich in Deutschland der Trend einer steigenden Lebenserwartung erkennen; die Lebenserwartung bei Geburt hat sich bei beiden Geschlechtern mehr als verdoppelt.[6] Sie liegt in Deutschland laut den Ergebnissen der Sterbetafel 2015/2017 bei Männern bei 78,4 Jahren und bei Frauen bei 83,2 Jahren.[7] Gründe für diesen Anstieg sind insbesondere Fortschritte in der medizinischen Versorgung, Hygiene, Ernährung und Wohnsituation sowie die verbesserten Arbeitsbedingungen und der gestiegene materielle Wohlstand.[8]

---

1 Statistisches Bundesamt, Statistisches Jahrbuch 2018, S. 31.

2 Statistisches Bundesamt, Statistisches Jahrbuch 2018, S. 31.

3 Statistisches Bundesamt, Pressemitteilung vom 20. Januar 2016 – 021/16 (online abrufbar unter https://www.destatis.de/DE/PresseService/Presse/Pressemitteilungen/2016/01/PD16_021_12421.html, letzter Aufruf 09.03.2016).

4 Statistisches Bundesamt, Zusammenfassende Übersichten, Eheschließungen, Geborene und Gestorbene, 1946 bis 2015, 2016, S. 2.

5 Im Jahr 2017 kamen in Deutschland insgesamt 784 884 Kinder zur Welt, vgl. Statistisches Bundesamt, Bevölkerung, Eheschließungen, Geborene und Gestorbene 2017 nach Kreisen, 2018, S. 9.

6 Statistisches Bundesamt, Sterbetafel 2015/2017, 2018, S. 14.

7 Statistisches Bundesamt, Sterbetafel 2015/2017, 2018, S. 23.

8 Statistisches Bundesamt, Sterbetafel 2015/2017, 2018, S. 14.

Das Statistische Bundesamt geht davon aus, dass auch in Zukunft mit einer steigenden Lebenserwartung gerechnet werden kann, sodass im Jahr 2060 die Lebenserwartung bei Geburt bei Männern um rund sechseinhalb Jahre, bei Frauen um rund fünfeinhalb Jahre höher liegen könnte als noch 2015/2017.[9]

Diese demographische Entwicklung ist auch für das Strafrecht von Bedeutung, da in den nächsten Jahren immer mehr ältere Menschen Opfer und Täter von Straftaten sein werden. Die Gruppe der Lebensälteren wird deshalb im Rahmen der vorliegenden Arbeit in den Mittelpunkt gestellt. Im Hinblick auf Straftaten ordnet man alte Menschen herkömmlicherweise eher der Gruppe der Opfer als derjenigen der Täter zu.[10] Besondere Aufmerksamkeit erlangen in der Öffentlichkeit z. B. immer wieder sog. Enkeltrickbetrügereien[11], bei denen es den Tätern darum geht, altersbedingte Schwächen ihrer Opfer auszunutzen. In der jüngeren Vergangenheit kommen vermehrt Taten vor, bei denen sich die Täter als Polizisten oder Justizangehörige ausgeben und den Opfern vortäuschen, ihr Vermögen sei in Gefahr.[12] Sofern alte Menschen in der Öffentlichkeit als Täter wahrgenommen werden, beschränkt sich eine solche Beachtung zumeist auf Sexual[13]- oder Straßenverkehrsdelikte.[14]

Die Kriminalitätsstatistiken zeigen, dass alte Menschen weniger kriminalitätsbelastet sind als Menschen der jungen bzw. der mittleren Generation. Von insgesamt 2 051 266 Tatverdächtigen im Jahr 2018 waren lediglich 155 832 60 Jahre und älter.[15] Dies entspricht einem Anteil von 7,60%. Von den insgesamt 46 690 am 31.3.2018 in Freiheitsstrafe befindlichen Strafgefangenen waren 2 104 60 Jahre und älter.[16] Der Anteil der 60-jährigen und Älteren beläuft sich hier demnach auf 4,51%.

Die oben dargestellte Verschiebung der Altersstruktur zeigt sich auch in den Kriminalitäts- und Strafverfolgungsstatistiken.

---

9 Statistisches Bundesamt, Sterbetafel 2015/2017, 2018, S. 23.

10 Vgl. Amelunxen, Alterskriminalität, 1960, S. 5; siehe auch Englisch, Ältere Menschen als Opfer von Straftaten, in: Kriminalistik 4/2015, S. 263 ff.

11 Dazu z. B. de Reese, Stephan: Enkeltrickbetrug. Aktuelle Phänomenologie und Klassifizierbarkeit als Organisierte Kriminalität aus Sicht der Landespolizei Berlin, in: Kriminalistik 3/2014, S. 191 ff.

12 Siehe dazu Schrep, „Sie gehen jetzt zur Bank“, in: DER SPIEGEL 3/2019, S. 48 ff.

13 Vgl. etwa Körner, Sexualkriminalität im Alter, 1977.

14 Vgl. etwa Kahl, Straßenverkehrsdelinquenz älterer Menschen, 1983.

15 Polizeiliche Kriminalstatistik 2018, Tatverdächtige nach Alter und Geschlecht, Tabelle 20.

16 Statistisches Bundesamt, Fachserie 10, Reihe 4.1, 2018, S. 13.

Zum einen hat der Anteil der Lebensälteren an den Tatverdächtigen zugenommen.

Tabelle 1: Tatverdächtige in den Jahren 1998, 2008, 2018

Jahr	Straftaten insgesamt Tatverdächtige insgesamt	Straftaten insgesamt Tatverdächtige 60 Jahre und älter
1998	2 319 895	119 308 (5,14%)
2008	2 255 693	148 142 (6,57%)
2018	2 051 266	155 832 (7,60%)

Quelle: Polizeiliche Kriminalstatistik 2018, Tatverdächtige insgesamt nach Alter ab 1987, Tabelle 20.

Daneben ist auch deren Anteil an den in Freiheitsstrafe befindlichen Strafgefangenen angestiegen.

Tabelle 2: Im Vollzug der Freiheitsstrafe befindliche Strafgefangene in den Jahren 1998, 2008, 2018

Jahr	In Freiheitsstrafe befindliche Strafgefangene insgesamt	In Freiheitsstrafe befindliche Strafgefangene 60 Jahre und älter
1998	50 021	985 (1,97%)
2008	55 343	1 890 (3,42%)
2018	46 690	2 104 (4,51%)

Quelle: Statistisches Bundesamt, Fachserie 10, Reihe 4.1, 1998, S. 8; 2008, S. 14; 2018, S. 13.

Nach der Festlegung einer Altersspanne, welche die hier behandelte Personengruppe eingrenzt, erfolgt in der vorliegenden Arbeit ein Eingehen auf die Kriminalität älterer Menschen. Umfang und Struktur von Alterskriminalität werden näher beleuchtet. Hinsichtlich der Erscheinungsformen von Alterskriminalität wird zusätzlich auf das Phänomen altersspezifischer Delikte eingegangen und hinterfragt, ob es sich bei Alterskriminalität um Spätkriminalität handelt. Anschließend geht es um Ursachen alterskriminellen Verhaltens, wobei sowohl auf altersabhängige wie auch auf altersunabhängige Kriminalitätstheorien eingegangen wird.

Nach den die Alterskriminalität betreffenden Ausführungen wird untersucht, inwieweit ein fortgeschrittenes Lebensalter im Rahmen eines Strafverfahrens eine Rolle spielen kann. Dabei wird zu sämtlichen Verfahrensabschnitten eines Strafverfahrens Stellung genommen. Zudem ist an dieser Stelle kurz die Frage der Notwendigkeit eines Altersstrafrechts angesprochen.

Um die Frage zu beantworten, ob und in welcher Form Strafe gegenüber Lebensälteren sinnvoll ist, wird zudem auf die verschiedenen Strafzwecktheorien eingegangen und gefragt, ob diese im Hinblick auf alte Straftäter geeignet sind, Strafe zu legitimieren.

Den thematischen Schwerpunkt der Arbeit bildet das Kapitel zum Strafvollzug. Dieses beginnt mit einer Darstellung der Anzahl lebensälterer Strafgefangener im Vollzug der Freiheitsstrafe und der Untersuchung jener im Hinblick auf verschiedene demographische und kriminologische Merkmale. Anschließend werden die gesetzlichen Grundlagen des Strafvollzugs genannt. In dem folgenden Abschnitt wird erarbeitet, inwieweit sich das vorangeschrittene Lebensalter eines Inhaftierten auf die verschiedenen Phasen und Bereiche des Vollzugs auswirken kann. Die Herausforderungen für die Justizvollzugsanstalten finden sich herausgearbeitet. Exkursorisch wird zudem auf die Gefahr der Viktimisierung älterer Strafgefangener sowie auf ein mögliches Lebensende im Justizvollzug eingegangen.

Um die Situation der Vollzugspraxis im Hinblick auf lebensältere Gefangene darzustellen, sind dann zunächst die Gegebenheiten in den 16 Bundesländern dargelegt. Die im Rahmen einer Länderbefragung gewonnenen Ergebnisse werden zusammengefasst und verarbeitet.

Nach einer kurzen Zusammenfassung der bisherigen Erkenntnisse, schließt sich ein Teil zu Verbesserungsvorschlägen und Alternativen an. An dieser Stelle erfolgen Ausführungen zu möglichen strafrechtlichen, strafverfahrensrechtlichen und strafvollzugsrechtlichen Maßnahmen. Die Arbeit endet mit einem Fazit.

Der Einfachheit halber ist überwiegend die männliche Form verwendet, auch wenn Straftäterinnen ebenso angesprochen werden.

Teil II: Alter - Kriminalität - Strafverfahren

A. Begriffsbestimmung „alte Menschen“

I. Allgemeines

Bei der Bevölkerungsgruppe der Lebensälteren handelt es sich um eine sehr heterogene Gruppe. Diese Heterogenität lässt sich zum einen auf die gestiegene Lebenserwartung zurückführen.[17] Aufgrund des Anstiegs der Lebenserwartung umfasst die Lebensphase des Alters inzwischen eine Zeitspanne von mehreren Jahrzehnten.

Dazu kommt, dass der Alterungsprozess sehr individuell verläuft. Er hängt von biologischen, psychologischen und sozialen Faktoren ab, welche nicht an eine strenge Altersgrenze gebunden sind.[18]

Im Hinblick auf das Alter eines Menschen kann man verschiedene Konzepte unterscheiden. Das kalendarische Alter ist das Alter in Lebensjahren, während das biologische Alter den Zustand umschreibt, der für das kalendarische Alter typisch sein soll.[19] Unter dem psychologischen Alter versteht man die jeweilige Anpassungsfähigkeit eines Menschen an die sich verändernden Gegebenheiten sowie dessen Leistungspotential, das soziale Alter wird weitgehend von dem Status eines Menschen in der Gesellschaft bestimmt.[20]

II. Festlegung einer Altersgrenze

Betrachtet man das Leben eines Menschen als Ganzes, lassen sich vier wesentliche Lebensphasen unterscheiden: die Familienphase, die Ausbildungsphase, die Erwerbstätigkeit sowie der Ruhestand.[21] Man kann ebenso zwischen Kindheit, Jugend, Erwachsenenalter und Alter unterscheiden. Das Alter als letzte Lebensphase ist insbesondere von dem Ende der Erwerbstätigkeit und dem Eintritt in den Ruhestand geprägt. Der Übergang in den Ruhestand stellt die Menschen vor verschiedene Herausforderungen. Unter anderem müssen sie ihren Tagesablauf neu strukturieren, mit einem geringeren Einkommen auskommen und ggf. neue soziale Kontakte aufbauen. Dazu kommt, dass sich viele Menschen über ihre

---

17 Walter/Flick/Neuber/Fischer/Schwartz, Alt und gesund?, 2006, S. 39.
18 Schwind, Kriminologie und Kriminalpolitik, 23. Aufl. 2016, S. 84.
19 Kahl, Straßenverkehrsdelinquenz älterer Menschen, 1983, S. 4.
20 Kahl, Straßenverkehrsdelinquenz älterer Menschen, 1983, S. 4.
21 Tews, Soziologie des Alterns, 3. Aufl. 1979, S. 123.

Arbeit definieren. Gehen sie dieser Arbeit nicht mehr nach, hat dies erhebliche Auswirkungen auf ihr Selbstwertgefühl. Auch die Gesellschaft neigt dazu, den Stellenwert eines Menschen von seiner Leistung abhängig zu machen.

Die Regelaltersrente ist an gesetzliche Vorgaben gebunden. Gemäß § 35 S. 2 SGB VI wird die Regelaltersrente in Deutschland nach Ablauf einer Übergangsperiode mit Vollendung des 67. Lebensjahres gewährt. Vor diesem Hintergrund müsste Alter bei 67 Jahren beginnen. Das durchschnittliche Austrittsalter liegt aktuell jedoch für Männer bei 64,0 Jahren und für Frauen bei 64,1 Jahren.[22] Stellt man auf den Eintritt in den Ruhestand ab, wäre es also sinnvoll, den Beginn des Alterns bei 64 Jahren zu verorten. Die Weltgesundheitsorganisation (WHO) unterscheidet fünf Kategorien des Alters. Dies trägt auch der Tatsache Rechnung, dass aufgrund der gestiegenen Lebenserwartung die Menschen immer älter werden. Es wird unterschieden zwischen dem Übergang ins Alter (60 bis 65-Jährige), den jungen Alten (60 bis 74-Jährige), den Betagten und Hochbetagten (75 bis 89-Jährige), den Höchstbetagten (90 bis 99-Jährige) und den Langlebigen (100-Jährige und älter).[23] Der Übergang ins Alter beginnt demnach mit 60 Jahren. Auch die Polizeiliche Kriminalstatistik und das Statistische Bundesamt geben in ihren Statistiken teilweise 60 Jahre als Altersgrenze vor. Da im Rahmen dieser Arbeit an verschiedenen Stellen Zahlen der Veröffentlichungen der Polizeilichen Kriminalstatistik sowie des Statistischen Bundesamtes ausgewertet sind, wird auch hier die Grenze bei 60 Jahren gezogen.

B. Alter und Kriminalität

I. Allgemeines

Neben dem Geschlecht stellt das Alter einen kennzeichnenden Faktor für die Ausprägung der Kriminalitätsbelastung im Hellfeld dar.

II. Alterskriminalität

Grundsätzlich versteht man unter Alterskriminalität[24] das gegen Strafgesetze verstoßende Verhalten alter Menschen. Alterskriminalität im eigentlichen Sinne umfasst jedoch diejenigen Delikte, welche mit dem physischen, psychischen

22 Deutsche Rentenversicherung, Rentenatlas 2018, 2018, S. 23.

23 https://www.50plus.at/alter/alter-who-einteilung.htm (letzter Aufruf 08.05.2019).

24 Dazu Eisenberg/Kölbel, Kriminologie, 7. Aufl. 2017, S. 974 ff.; Laubenthal, Alterskriminalität und Altenstrafvollzug, in: Festschrift für Manfred Seebode, 2008, S. 499 ff.; Schwind, Kriminologie und Kriminalpolitik, 23. Aufl. 2016, S. 84 ff.

und sozialen Alterungsprozess im Zusammenhang stehen, sog. alterstypische Delikte.[25] Diese Alterskriminalität im eigentlichen Sinne ist zu unterscheiden von sog. altersspezifischen Delikten, d. h. Delikten, welche überwiegend von alten Menschen begangen werden.

1. *Kriminalitätsumfang*

Die oben genannten Tatverdächtigenzahlen zeigen zwar, dass der Anteil der älteren Tatverdächtigen zugenommen hat; die relative Belastung älterer Menschen liegt aber immer noch deutlich unter ihrem Bevölkerungsanteil. Im Jahr 2015 gehörte über ein Viertel (27,38%) der Bevölkerung zu der Gruppe derjenigen, die 60 Jahre und älter sind.[26] Ihr Anteil an den Tatverdächtigen betrug im selben Jahr jedoch nur 6,6%.[27] Im Jahr 2018 liegt deren prozentualer Anteil bei 7,60%.[28] Absolut betrachtet sind das 155 832 Tatverdächtige, die 60 Jahre und älter sind, bei insgesamt 2 051 266 Tatverdächtigen.[29] Bei weiterer Differenzierung innerhalb der Gruppe der Alten fällt auf, dass deren Anzahl mit fortschreitendem Alter kontinuierlich abnimmt.[30]

Der niedrige Anteil der Alterskriminalität an der Gesamtkriminalität lässt sich auf verschiedene Faktoren zurückführen. Aufgrund körperlicher und geistiger Abbauerscheinungen nimmt die Fähigkeit, Straftaten zu begehen, ab. Das durch den Ruhestand bedingte Ausscheiden aus dem gesellschaftlichen Leben wie auch die ggf. verstärkte soziale Kontrolle reduzieren die Möglichkeiten, Straftaten zu begehen. Hinzu kommt, dass unter Umständen nur wenige Straftaten ins Hellfeld geraten, da es sein kann, dass die Gesellschaft und auch die Strafverfolgungsbehörden geneigt sind, kriminelles Verhalten Lebensälterer zu entschuldigen, und dementsprechend die Taten gar nicht erst angezeigt werden bzw. auf eine strafrechtliche Verfolgung verzichtet wird.

Betrachtet man die Geschlechterverteilung innerhalb der Gruppe der Tatverdächtigen, fällt auf, dass der Anteil der Frauen bei den älteren Tatverdächtigen höher liegt als bei den jüngeren Altersgruppen. Bei denjenigen, die 60 Jahre und

---

25 Laubenthal, Alterskriminalität und Altenstrafvollzug, in: Festschrift für Manfred Seebode, 2008, S. 501.

26 Statistisches Bundesamt, Statistisches Jahrbuch 2018, S. 31.

27 Polizeiliche Kriminalstatistik, Jahrbuch 2015, S. 81.

28 Polizeiliche Kriminalstatistik 2018, Tatverdächtige nach Alter und Geschlecht, Tabelle 20.

29 Polizeiliche Kriminalstatistik 2018, Tatverdächtige nach Alter und Geschlecht, Tabelle 20.

30 Vgl. Polizeiliche Kriminalstatistik 2017, Band 3, Altersstruktur und Geschlecht, S. 25.

älter sind, beläuft sich der Anteil der Frauen im Jahr 2018 auf 30,05%, wohingegen er bei den Jugendlichen 27,71%, bei den Heranwachsenden 20,76% und bei den Erwachsenen insgesamt 24,74% beträgt.[31] Dieser Umstand kann darauf zurückgeführt werden, dass der Anteil der Frauen bei den älteren Menschen höher liegt als bei den anderen Altersstufen.[32]

Insgesamt lässt sich feststellen, dass ein relativ geringer Anteil der ermittelten Tatverdächtigen 60 Jahre und älter ist, wobei dieser relativ geringe Anteil jedoch stetig wächst.

2. *Kriminalitätsstruktur*

Im Folgenden soll dargestellt werden, in welchen Deliktsbereichen die Schwerpunkte der Alterskriminalität liegen. Dabei wird also insbesondere auf diejenigen Delikte und Deliktsgruppen eingegangen, bei denen die Alten im Jahr 2018 verhältnismäßig häufig als Tatverdächtigte registriert sind.

Im Anschluss wird, um die Kriminalitätsstruktur vollständig zu erfassen, zudem ein Überblick über die Anlasstaten gegeben, welche im Jahr 2017 zu einer Verurteilung von 60 Jahre alten und älteren Personen in der Bundesrepublik Deutschland geführt haben.

a. *Die Gruppe der 60 Jahre alten und älteren im Rahmen der registrierten Tatverdächtigen der Polizeilichen Kriminalstatistik*

Vor allem der Diebstahl ohne erschwerende Umstände und die Beleidigungsdelikte spielen in der hier untersuchten Altersgruppe eine relativ große Rolle.[33] Der Anteil des Diebstahls ohne erschwerende Umstände beläuft sich auf 19,75%, derjenige der Beleidigungsdelikte auf 14,60%. Auch die Deliktsgruppe des Betrugs ist mit 12,31% verhältnismäßig häufig vertreten.

Die Körperverletzungsdelikte insgesamt nehmen in der Gruppe der Tatverdächtigen, die 60 Jahre und älter sind, einen Anteil von 18,12% ein, wobei bezogen auf jene vor allem die vorsätzliche einfache Körperverletzung nach § 223 StGB (12,28%) von Bedeutung ist.[34] Die gefährliche Körperverletzung gem.

---

31 Polizeiliche Kriminalstatistik 2018, Tatverdächtige nach Alter und Geschlecht, Tabelle 20.

32 Statistisches Bundesamt, Fachserie 1, Reihe 1.3, 2016, S. 14 f.

33 Polizeiliche Kriminalstatistik 2018, Tatverdächtige insgesamt nach Alter und Geschlecht, Tabelle 20.

34 Polizeiliche Kriminalstatistik 2018, Tatverdächtige insgesamt nach Alter und Geschlecht, Tabelle 20.

§ 224 StGB und die schwere Körperverletzung gem. § 226 StGB sind im Gegensatz dazu bei älteren Menschen mit 3,84% und 0,01% eher selten.[35]

Auch die Straftaten gegen das Leben, zu denen unter anderem der Mord gem. § 211 StGB, der Totschlag gem. § 212 StGB oder auch die fahrlässige Tötung gem. § 222 StGB gehören, fallen bei den Alten nur wenig ins Gewicht. Ihr Anteil beläuft sich in der hier betrachteten Altersgruppe auf lediglich 0,20%.[36]

Tabelle 3: Tatverdächtige, die 60 Jahre und älter sind, im Jahr 2018 für ausgewählte Delikte/Deliktsgruppen

Delikt	**Gesamt**	**Männliche Tatverdächtige**		**Weibliche Tatverdächtige**	
		Absolut	**Prozentual**	**Absolut**	**Prozentual**
Straftaten insgesamt	155 832	109 005	69,95%	46 827	30,05%
Diebstahl ohne erschwerende Umstände, §§ 242, 247, 248a-c StGB	30 772	17 310	56,25%	13 462	43,75%
Beleidigung, §§ 185–187, 189 StGB	22 750	15 519	68,22%	7 231	31,78%
Betrug, §§ 263, 263a, 264, 264a, 265, 265a-e StGB	19 180	13 298	69,33%	5 882	30,67%
Körperverletzung, §§ 223–227, 229	28 243	21 673	76,74%	6 570	23,26%
Vorsätzliche einfache Körperverletzung, § 223 StGB	19 130	15 135	79,12%	3 995	20,88%
Gefährliche Körperverletzung, § 224 StGB[37]	5 990	4 637	77,41%	1 353	22,59%

(fortgeführt)

35 Polizeiliche Kriminalstatistik 2018, Tatverdächtige insgesamt nach Alter und Geschlecht, Tabelle 20.

36 Polizeiliche Kriminalstatistik 2018, Tatverdächtige insgesamt nach Alter und Geschlecht, Tabelle 20.

37 Setzt sich zusammen aus „sonstige Tatörtlichkeit bei gefährlicher Körperverletzung § 224 StGB“ und „gefährliche Körperverletzung gemäß § 224 StGB auf Straßen, Wegen oder Plätzen“.

Tabelle 3: Fortsetzung

Delikt	Gesamt	Männliche Tatverdächtige		Weibliche Tatverdächtige	
		Absolut	**Prozentual**	**Absolut**	**Prozentual**
Schwere Körperverletzung, § 226 StGB[38]	20	19	95,00%	1	5,00%
Mord, § 211 StGB; Totschlag, § 212 StGB, Fahrlässige Tötung, § 222 StGB[39]	304	246	80,92%	58	19,08%

Quelle: Polizeiliche Kriminalstatistik 2018, Tatverdächtige insgesamt nach Alter und Geschlecht, Tabelle 20.

Bei den Senioren spielen neben den oben dargestellten Deliktsgruppen auch Straßenverkehrsdelikte eine nicht unerhebliche Rolle. Gerade die durch Verkehrsunfälle bedingten Fahrlässigkeitsdelikte werden jedoch von der Polizeilichen Kriminalstatistik nicht erfasst,[40] sodass zu der Anzahl der Tatverdächtigen keine gesicherten Erhebungen vorliegen. Aus der Strafverfolgungsstatistik des Statistischen Bundesamtes geht jedoch hervor, dass im Jahr 2017 47,14% der Verurteilten, die 60 Jahre oder älter waren, wegen Straftaten im Straßenverkehr verurteilt wurden, hingegen bei den verurteilten Erwachsenen insgesamt nur 23,67%.[41] Dass es im fortgeschrittenen Lebensalter häufiger zu Straftaten im Straßenverkehr kommt, lässt sich vor allem auf altersbedingte Abbauerscheinungen zurückführen. Auftretende geistige und motorische Defizite können zu einer verminderten Reaktionsfähigkeit führen.[42] Aus einer Veröffentlichung des Statistischen Bundesamtes aus dem Jahr 2018 geht jedoch hervor, dass Senioren im Vergleich zu ihrem hohen Bevölkerungsanteil eine unterproportionale Unfallbeteiligung aufweisen.[43] Die geringere Unfallbeteiligung von Senioren wird dabei darauf zurückgeführt, dass ältere Menschen zum einen weniger am Straßenverkehr teilnehmen und zum anderen weniger Möglichkeiten haben, einen Pkw zu nutzen.[44]

---

38 Setzt sich zusammen aus „sonstige Tatörtlichkeit bei schwerer Körperverletzung § 226 StGB" und „schwere Körperverletzung gemäß § 226 StGB auf Straßen, Wegen oder Plätzen".

39 Fahrlässige Tötung nicht i. V. m. Verkehrsunfall.

40 Polizeiliche Kriminalstatistik 2018, IMK-Bericht, S. 7.

41 Statistisches Bundesamt, Fachserie 10, Reihe 3, 2017, S. 25.

42 Lachmund, Der alte Straftäter, 2011, S. 93.

43 Statistisches Bundesamt, Unfälle von Senioren im Straßenverkehr, 2018, S. 5.

44 Statistisches Bundesamt, Unfälle von Senioren im Straßenverkehr, 2018, S. 5.

Insgesamt fällt auf, dass lebensältere Menschen eher für weniger schwere Delikte registriert werden.

b. *Die Gruppe der 60 Jahre alten und älteren im Rahmen der Verurteiltenzahlen des Statistischen Bundesamtes*

Auch hinsichtlich der Anlasstaten, die zu einer Verurteilung geführt haben, unterscheiden sich die Senioren untereinander. Im Jahr 2017 wurden insgesamt 42 324 Personen, die 60 Jahre und älter waren, wegen Straftaten verurteilt.[45] Die Straftaten, derentwegen eine Verurteilung erfolgte, erstrecken sich über die gesamte Bandbreite des Strafgesetzbuchs und darüber hinaus.

Tabelle 4: Verurteilte im Alter von 60 Jahren und älter nach Art der Straftat im Jahr 2017

Art der Straftat	**Anzahl derjenigen, die 60 Jahre oder älter sind**	
	Absolut	**Prozentual**
Straftaten insgesamt	42 324	100%
Straftaten nach dem StGB (außer Verkehrsrecht)	19 142	45,23%
Straftaten im Straßenverkehr nach dem StGB	17 577	41,53%
Straftaten nach dem Straßenverkehrsgesetz	2 374	5,61%
Straftaten nach anderen Bundes- und Landesgesetzen (außer StGB und StVG)	3 231	7,63%

Quelle: Statistisches Bundesamt, Fachserie 10, Reihe 3, 2017, S. 24 f.

Der überwiegende Teil der lebensälteren Verurteilten wurde wegen Straftaten nach dem Strafgesetzbuch einschließlich des Straßenverkehrsrechts verurteilt (86,76%). Daneben fallen die Verurteilungen wegen Straftaten nach dem Straßenverkehrsgesetz (5,61%) und diejenigen wegen Straftaten nach anderen Bundes- oder Landesgesetzen (7,63%) wie nach dem Wehrstrafgesetz oder dem Betäubungsmittelgesetz nur verhältnismäßig wenig ins Gewicht.

Innerhalb der Straftaten nach dem Strafgesetzbuch ohne Verkehrsrecht sind besonders häufig Verurteilungen wegen Diebstahls und Unterschlagung nach §§ 242 bis 248c StGB (35,52%) sowie wegen Betrugs und Untreue gem. §§ 263 bis 266b StGB (21,41%). Dies entspricht im Wesentlichen den bereits gewonnenen Erkenntnissen zur Kriminalitätsstruktur. Alte Menschen waren nach den Zahlen der Polizeilichen Kriminalstatistik im Jahr 2018 vergleichsweise häufig des Diebstahls ohne erschwerende Umstände, der Beleidigung oder des Betrugs

45 Vgl. Statistisches Bundesamt, Fachserie 10, Reihe 3, 2017, S. 25.

tatverdächtig. Insoweit decken sich die Relationen hinsichtlich der Verurteilten- und Tatverdächtigenzahlen bei Diebstahl und Betrug. Dass die Verurteiltenzahl bezogen auf die Beleidigung relativ gering ist (8,48%), trotz verhältnismäßig hoher Tatverdächtigenzahl (14,60%), kann damit zusammenhängen, dass es bei Beleidigungsdelikten eventuell mitunter an dem Strafantragserfordernis nach § 194 Abs. 1 S. 1 StGB als Strafverfolgungsvoraussetzung fehlt oder dass unter Umständen eher wegen Geringfügigkeit gem. § 153 StPO bzw. unter Verweisung auf den Privatklageweg eingestellt wird als bei schwerwiegenderen Straftaten.

Tabelle 5: 60 Jahre alte und ältere Verurteilte nach Art der Straftat im Jahr 2017

Art der Straftat	**Anzahl derjenigen, die 60 Jahre und älter sind**	
	Absolut	**Prozentual**
Straftaten nach dem StGB (außer Verkehrsrecht) zusammen	19 142	100%
§§ 80 bis 168, 331 bis 357 StGB, außer § 142 StGB: Straftaten gegen den Staat, die öffentliche Ordnung (außer Verkehrsrecht) und im Amt	1 218	6,36%
§§ 174 bis 184j StGB: Straftaten gegen die sexuelle Selbstbestimmung	604	3,16%
§§ 185 bis 200 StGB: Beleidigung	1 624	8,48%
§§ 211 bis 222 StGB: Straftaten gegen das Leben (außer Verkehrsrecht)	71	0,37%
§§ 223 bis 231 StGB: Straftaten gegen die körperliche Unversehrtheit (außer Verkehrsrecht)	2 180	11,39%
§§ 232 bis 241a StGB: Straftaten gegen die persönliche Freiheit	668	3,49%
§§ 169 bis 173, 201 bis 206 StGB: Sonstige Straftaten gegen die Person	28	0,15%
§§ 242 bis 248c StGB: Diebstahl und Unterschlagung	6 800	35,52%
§§ 249 bis 255, 316a StGB: Raub und Erpressung, räuber. Angriff auf Kraftfahrer	105	0,55%
§§ 257 bis 262 StGB: Begünstigung und Hehlerei	120	0,63%

Tabelle 5: Fortsetzung

Art der Straftat	**Anzahl derjenigen, die 60 Jahre und älter sind**	
§§ 263 bis 266b StGB: Betrug und Untreue	4 099	21,41%
§§ 267 bis 281 StGB: Urkundenfälschung	669	3,49%
§§ 283 bis 305a StGB: Sonstige Straftaten gegen das Vermögen	638	3,33%
§§ 306 bis 323c StGB, außer § 316a StGB: Gemeingefährliche Straftaten (außer Verkehrsrecht)	179	0,94%
§§ 324 bis 330d StGB: Straftaten gegen die Umwelt	139	0,73%

Quelle: Statistisches Bundesamt, Fachserie 10, Reihe 3, 2017, S. 24 f.

3. Besonderheit: Altersspezifische Delikte

Altersspezifische Delikte in dem Sinne, dass diese hauptsächlich von alten Menschen begangen werden, gibt es nicht.[46] Allerdings lassen sich Delikte bzw. Deliktsgruppen ausmachen, bei denen Lebensältere überproportional häufig als Tatverdächtige registriert werden, bei welchen sie also im Hinblick auf ihren insgesamt geringen Anteil an der Gesamtkriminalität überrepräsentiert sind. So verhält es sich bspw. bei der Tötung auf Verlangen gem. § 216 StGB. Von den insgesamt 15 Tatverdächtigen im Jahr 2018 waren 8 Personen 60 Jahre und älter (= 53,33%). Ähnlich häufig sind die Alten im Jahr 2018 auch bei dem Straftatbestand der Werbung für den Abbruch einer Schwangerschaft gem. § 219a StGB vertreten. Hier beträgt ihr Anteil 58,33% (7 von 12 Tatverdächtigen). Bei der Strafvorschrift des Verstoßes gegen das Berufsverbot gem. § 145c StGB und bei derjenigen der gemeingefährlichen Vergiftung nach § 314 StGB beträgt ihr Anteil 50,00% (8 von insgesamt 16 bzw. 3 von insgesamt 6 Tatverdächtigen waren älter als 60 Jahre).

Dass der Anteil der Lebensälteren bei der Tötung auf Verlangen gem. § 216 StGB relativ hoch ist, lässt sich möglicherweise damit erklären, dass alte Menschen eventuell mit dem Todeswunsch ihres ebenfalls alten Lebenspartners konfrontiert werden und dementsprechend handeln. Allerdings fällt sowohl bei der Tötung auf Verlangen gem. § 216 StGB wie auch bei den drei anderen Delikten auf, dass insgesamt nur wenige Tatverdächtige erfasst sind (15, 12, 16 und 6), sodass diese Zahlen wenig repräsentativ erscheinen.

46 Eisenberg/Kölbel, Kriminologie, 7. Aufl. 2017, S. 976.

Besondere Bedeutung erlangen das Delikt der fahrlässigen Brandstiftung und die Deliktsgruppe der Umweltstraftaten. Von den im Jahr 2018 wegen fahrlässiger Brandstiftung erfassten insgesamt 5 951 Tatverdächtigen waren 1 355 60 Jahre und älter.[47] Fast jeder vierte war hier also älter als 60 Jahre (22,77%). Der hohe Anteil Lebensälterer bei der fahrlässigen Brandstiftung könnte mit altersbedingten Abbauerscheinungen in Form von Vergesslichkeit und Nachlässigkeit zusammenhängen.

Zu den Umweltstraftaten zählen die Straftaten des 29. Abschnitts des Besonderen Teils des Strafgesetzbuchs. Diese schützen die Umwelt hinsichtlich ihrer einzelnen Umweltmedien Wasser, Boden, Luft sowie Tier- und Pflanzenwelt als Lebensgrundlage des Menschen.[48] Als Erklärung dafür, dass bei der Deliktsgruppe der Umweltstraftaten alte Menschen mit 16,75% überproportional häufig als Tatverdächtige registriert sind (1 348 Tatverdächtige, die 60 Jahre und älter sind, von insgesamt 8 048 Tatverdächtigen[49]), lässt sich anführen, dass diese angesichts ihrer kürzeren Restlebenszeit möglicherweise kein tiefergehendes Interesse mehr daran haben, die Umwelt im Hinblick auf ihre Nützlichkeit für den Menschen zu schützen.

Tabelle 6: Anteil der tatverdächtigen 60 Jahre alten und älteren an allen Tatverdächtigen im Jahr 2018

Delikt	**Tatverdächtige**		
	Insgesamt	**Anteil der Tatverdächtigen 60 Jahre und älter**	
		Absolut	**Prozentual**
Tötung auf Verlangen, § 216 StGB	15	8	53,33%
Werbung für den Abbruch einer Schwangerschaft, § 219a StGB	12	7	58,33%
Verstoß gegen das Berufsverbot, § 145c StGB	16	8	50,00%
Gemeingefährliche Vergiftung, § 314 StGB	6	3	50,00%
Fahrlässige Brandstiftung	5 951	1 355	22,77%
Umweltstraftaten	8 048	1 348	16,75%

Quelle: Polizeiliche Kriminalstatistik 2018, Tatverdächtige insgesamt nach Alter und Geschlecht, Tabelle 20.

47 Polizeiliche Kriminalstatistik 2018, Tatverdächtige insgesamt nach Alter und Geschlecht, Tabelle 20.

48 Schmitz, in: MüKo-StGB, 3. Aufl. 2019, Vorb. zu § 324 StGB Rdn. 19.

49 Polizeiliche Kriminalstatistik 2018, Tatverdächtige insgesamt nach Alter und Geschlecht, Tabelle 20.

4. *Besonderheit: Alterskriminalität als Spätkriminalität*

Es wird die These vertreten, dass es sich bei Alterskriminalität häufig um Spät- bzw. sog. Erstkriminalität handele.[50] Hierunter versteht man im Zusammenhang mit Alterskriminalität Straftaten, welche von bislang strafrechtlich nicht in Erscheinung getretenen Menschen nach ihrem 60. Lebensjahr begangen werden.[51]

Zahlen des Statistischen Bundesamtes aus dem Jahr 2017[52] zeigen, dass von den sich im Vollzug der Freiheitsstrafe befindlichen mindestens 60-Jährigen 37,80% nicht vorbestraft sind. Demnach ist bei der hier relevanten Altersgruppe mehr als jeder dritte nicht vorbestraft. Bei den 30- bis unter 40-Jährigen sind im Vergleich dazu lediglich 23,34% nicht vorbestraft, also weniger als jeder vierte. Betrachtet man die Zahlen alle Altersstufen betreffend, liegt der Anteil der nicht Vorbestraften immerhin bei 28,21%.

Das Ausmaß der Vorstrafen hält sich bei den Alten zwar in Grenzen, ist jedoch nicht auffallend gering, sodass die oben genannte These zur Erstkriminalität kaum aufrechterhalten werden kann.

Tabelle 7: In Freiheitsstrafe befindliche Strafgefangene 2017 nach Alter und Vorstrafen

Altersgruppe	Insgesamt	Vorbestraft	Nicht vorbestraft
60 Jahre und älter	2 029	1 262	767
30 bis unter 40	17 270	13 240	4 030
Insgesamt	47 193	33 878	13 315

Hinsichtlich der Art der Vorstrafen bei den Strafgefangenen im Alter von 60 Jahren und darüber überwiegt mit 48,26% deutlich die Vorahndung in Form einer Verurteilung zu Freiheitsstrafe und Geldstrafe. Die Vorverurteilung zu einer Geldstrafe allein macht 10,62% aus, diejenige zu einer Freiheitsstrafe 20,29%.

50 Albrecht/Dünkel, Die vergessene Minderheit, in: Zeitschrift für Gerontologie 1981, S. 265; Keßler, Straffälligkeit im Alter: Erscheinungsformen und Ausmaße, 2005, S. 9; Neubacher, Kriminologie, 3. Aufl. 2017, S. 154; Schwind, Kriminologie und Kriminalpolitik, 23. Aufl. 2016, S. 85.

51 Keßler, Straffälligkeit im Alter: Erscheinungsformen und Ausmaße, 2005, S. 9.

52 Die Zahlen des Statistischen Bundesamtes, welche Vorstrafen und Wiedereinweisung betreffen und aus welchen sich die Gruppe der 60 Jahre alten und älteren errechnen lässt, wurden der Verf. auf Anfrage mitgeteilt. Die mitgeteilten Daten beziehen sich auf das Jahr 2017. Nach den Angaben des Statistischen Bundesamtes handelt es sich um eine vom BZR unabhängige statistische Erhebung aus den Daten der Meldungen der Justizvollzugsanstalten.

Tabelle 8: In Freiheitsstrafe befindliche alte Strafgefangene 2017 nach Art der Vorahndung

Art der Vorahndung	Absolut	Prozentual
Geldstrafe allein	134	10,62%
Jugendstrafe	5	0,40%
Freiheitsstrafe	256	20,29%
Jugendstrafe und Geldstrafe	5	0,40%
Freiheitsstrafe und Geldstrafe	609	48,26%
Freiheitsstrafe und Jugendstrafe (ggf. auch Geldstrafe)	157	12,44%
Freiheitsstrafe und Sicherungsverwahrung (ggf. auch Geldstrafe)	10	0,79%
Freiheitsstrafe, Jugendstrafe, Sicherungsverwahrung	6	0,48%
Sonstige Strafenverbindungen und freiheitsentziehende Maßregeln	80	6,34%
Gesamt	1 262	100%

Ein nicht geringer Teil der sich im Vollzug der Freiheitsstrafe befindlichen vorbestraften 1 262 60 Jahre alten und älteren war lediglich einmal vorbestraft (18,38%). Immerhin mehr als jeder Vierte (25,36%) hatte 5 bis 10 strafrechtliche Vorahndungen aufzuweisen. Auch der Anteil der Inhaftierten mit 11 bis 20 Vorstrafen ist mit 23,30% verhältnismäßig hoch.

Tabelle 9: Im Vollzug der Freiheitsstrafe befindliche alte Strafgefangene nach Anzahl der Vorstrafen

Anzahl der Vorstrafen	Absolut	Prozentual
1 Vorstrafe	232	18,38%
2 Vorstrafen	114	9,03%
3 Vorstrafen	86	6,81%
4 Vorstrafen	83	6,58%
5 bis 10 Vorstrafen	320	25,36%
11 bis 20 Vorstrafen	294	23,30%
21 bis 30 Vorstrafen	96	7,61%
31 und mehr Vorstrafen	37	2,93%
Gesamt	1 262	100%

Insgesamt 803 Personen, die 60 Jahre oder älter waren, wurden im Jahr 2017 erneut in den Strafvollzug eingewiesen, und zwar 15,94% von ihnen bereits wieder im ersten Jahr nach der vorhergehenden Entlassung. Bei fast der Hälfte (49,07%) erfolgte eine Wiedereinweisung zwischen dem dritten und dem zehnten Jahr, das sie in Freiheit verbringen konnten.

Tabelle 10: Im Vollzug der Freiheitsstrafe befindliche alte Strafgefangene nach dem Zeitpunkt ihrer Wiedereinweisung

Zeitpunkt der Wiedereinweisung	Absolut	Prozentual
Im 1. Halbjahr nach der Entlassung	61	7,60%
Im 2. Halbjahr nach der Entlassung	67	8,34%
Im 2. Jahr	107	13,33%
Im 3. bis 5. Jahr	226	28,14%
Im 6. bis 10. Jahr	168	20,92%
Im 11. bis 15. Jahr	69	8,59%
Im 16. bis 20. Jahr	42	5,23%
Im 21. Jahr und später	63	7,85%
Gesamt	803	100%

Es zeigt sich also, dass es sich bei den inhaftierten älteren Verurteilten durchaus um eine uneinheitliche Gruppe handelt.

III. Theoretische Einordnung der Alterskriminalität

1. Allgemeines

Betrachtet man die Gruppe der lebensälteren Straftäter, stellt sich die Frage nach dem „Warum". Es gibt verschiedene Erklärungsansätze dafür, warum Menschen in höherem Lebensalter straffällig werden. Es fallen vor allem zwei Gruppen von Erklärungsansätzen auf, die altersunabhängigen und die altersabhängigen Kriminalitätstheorien.[53]

2. Erklärungsansätze zur Alterskriminalität anhand allgemeiner Kriminalitätstheorien

Die altersunabhängigen Kriminalitätstheorien stützen ihre Erklärungsansätze auf Annahmen, welche auch in den allgemeinen Kriminalitätstheorien enthalten

53 Kunz, Kriminalität älterer Menschen, 2014, S. 31.

sind.[54] Im Folgenden wird beispielhaft auf biologische, psychologische und soziale Erklärungskonzepte eingegangen, welche ebenfalls zur Erklärung von Kriminalität im Alter herangezogen werden können.

Biologische Theorien[55] führen Kriminalität auf biologische Ursachen zurück. Als solche kommen etwa altersbedingte Abbauerscheinungen in Betracht, welche sich auf das Wesen eines Menschen auswirken. Diese Abbauerscheinungen können nach biologischen Kriminalitätstheorien kriminalitätsfördernd wirken. Dieser Ansatz lässt sich bspw. heranziehen, um erstmalige Sexualverbrechen Lebensälterer zu erklären. Ein altersbedingter Verlust von Distanzgefühl und Hemmungen kann demnach zu Sexualdelikten führen.[56]

Auch übliche psychologische Erklärungstheorien wie etwa die Halt- und Bindungstheorien[57] lassen sich zur Erklärung von Kriminalität im Alter heranziehen. Die Halt- und Bindungstheorien sehen einen Zusammenhang zwischen sozialkonformem Verhalten und innerer und äußerer Kontrolle.[58] Die für sozialkonformes Verhalten notwendigen sozialen und familiären Kontakte nehmen im Alter ab, sodass es zum Auftreten abweichenden Verhaltens kommen kann. Dieser Ansatz eignet sich bspw. zur Erklärung der sog. Spätkriminalität, also zur Erklärung des Umstands, dass Menschen im Alter teilweise das erste Mal strafrechtlich auffällig werden.

In soziologischer Hinsicht kann auch die Anomietheorie[59] zur Erklärung von Alterskriminalität herangezogen werden. Nach diesem Ansatz in der von Merton vertretenen Variante entsteht Kriminalität aufgrund einer Diskrepanz zwischen den erstrebten und als legitim empfundenen Zielen und den Zugangsmöglichkeiten zur Erreichung dieser Ziele. Übertragen auf alte Menschen mag das bedeuten, dass sich diese unter Umständen vom Leben enttäuscht und von der Gesellschaft ausgegrenzt fühlen und dass sie sich deshalb von den Regeln

---

54 Kunz, Kriminalität älterer Menschen, 2014, S. 31.

55 Siehe dazu z. B. Bock, Kriminologie, 5. Aufl. 2019, Rdn. 131 ff.

56 Vgl. Körner, Sexualkriminalität im Alter, 1997, S. 114, der in diesem Zusammenhang von sittlicher Enthemmung spricht; zu Sexualdelikten im Zusammenhang mit fehlender Impulskontrolle siehe Bock, Kriminologie, 5. Aufl. 2019, Rdn. 269.

57 Dazu z. B. Bock, Kriminologie, 5. Aufl. 2019, Rdn. 152 ff.; Eisenberg/Kölbel, Kriminologie, 7. Aufl. 2017, S. 105 ff.; Neubacher, Kriminologie, 3. Aufl. 2017, S. 100 ff.; Schwind, Kriminologie und Kriminalpolitik, 23. Aufl. 2016, S. 128 ff.

58 Schwind, Kriminologie und Kriminalpolitik, 23. Aufl. 2016, S. 128.

59 Dazu z. B. Bock, Kriminologie, 5. Aufl. 2019, Rdn. 190 ff.; Eisenberg/Kölbel, Kriminologie, 7. Aufl. 2017, S. 75 ff.; Neubacher, Kriminologie, 3. Aufl. 2017, S. 98 ff.; Schwind, Kriminologie und Kriminalpolitik, 23. Aufl. 2016, S. 148 ff.

der Gesellschaft, in der sie leben, entfernen, was sie möglicherweise anfällig für Normbrüche macht.[60]

3. *Erklärungsansätze zur Alterskriminalität anhand spezieller Alterskriminalitätstheorien*

Die altersabhängigen Kriminalitätstheorien knüpfen hinsichtlich ihrer Erklärungsansätze unmittelbar oder mittelbar an den Alterungsprozess an.[61]

a. *Alterskriminalität als Kriminalität der Schwäche*

Der Ansatz der Kriminalität der Schwäche erklärt insbesondere die oben dargestellten Besonderheiten der Kriminalität Älterer,[62] namentlich die geringere bzw. sinkende Kriminalitätsbelastung, vorhandene Besonderheiten in der Deliktsstruktur und das Phänomen, dass es sich bei Spätkriminalität bisweilen um Erstkriminalität handelt.

Der geringere Anteil alter Menschen an den Straftatverdächtigen insgesamt wird auf eine geringere kriminelle Energie zurückgeführt, welche wiederum mit im Alter auftretenden körperlichen und geistigen Defiziten in Zusammenhang gebracht wird. Aufgrund der vorliegenden Defizite müsse der ältere Straftäter auf diejenigen Normbrüche ausweichen, welche ihm noch möglich sind, was wiederum die Umstrukturierung in der Deliktsstruktur erklären soll. Auf altersspezifische, soziale und psychische Konflikte werde aufgrund fehlender innerer Widerstandskraft mit deliktischem Verhalten reagiert.[63]

b. *Weitere altersspezifische Erklärungsansätze*

Neben der Theorie der Schwäche finden sich noch anders benannte Ansätze zur Erklärung der Straffälligkeit älterer Menschen vertreten.[64] Erklärt wird die Kriminalität Älterer auch mit altersbedingten Persönlichkeitsveränderungen, der Reduktion sozialer Kontakte, der Zunahme informeller Kontrolle oder der

---

60 Keßler, Theoretische Perspektiven zur Alterskriminalität, in: BewHi 2/2005, S. 136.

61 Kunz, Kriminalität älterer Menschen, 2014, S. 31.

62 Fronmüller, Eine vergessene Minderheit?! – Delinquenz und strafrechtliche Sanktionierung „alter Menschen", 1989, S. 47 f.; Keßler, Straffälligkeit im Alter: Erscheinungsformen und Ausmaße, 2005, S. 304; Kunz, Kriminalität älterer Menschen, 2014, S. 31; Schwind, Kriminologie und Kriminalpolitik, 23. Aufl. 2016, S. 41.

63 Keßler, Straffälligkeit im Alter: Erscheinungsformen und Ausmaße, 2005, S. 307.

64 Siehe dazu z. B. Fronmüller, Eine vergessene Minderheit?! – Delinquenz und strafrechtliche Sanktionierung „alter Menschen", 1989, S. 48 ff.; Keßler, Straffälligkeit im Alter: Erscheinungsformen und Ausmaße, 2005, S. 308 ff.

Verschlechterung der wirtschaftlichen Lebensverhältnisse. Im Hinblick auf die Persönlichkeit ist bei älteren Menschen mitunter zu beobachten, dass das Distanzgefühl abnimmt oder dass sie bisher geltende Wertvorstellungen anzweifeln. Beides kann sich kriminalitätsfördernd auswirken und als Erklärung für die sog. Spätkriminalität herangezogen werden. Umgekehrt fehlt es durch die Reduktion sozialer Kontakte unter Umständen an Möglichkeiten der Tatbegehung. Die stärkere informelle Kontrolle spielt vor allem im Hinblick auf ältere pflegebedürftige Menschen eine Rolle. Diese sind durch ihre Familien, Heim- oder Pflegepersonal in ihren Handlungsmöglichkeiten beschränkt. Die Verschlechterung der wirtschaftlichen Lebensverhältnisse etwa durch ein geringes oder ganz fehlendes Renteneinkommen verleitet möglicherweise zu Straftaten zur Deckung des Lebensunterhaltes.

c. Stellungnahme

Es fällt auf, dass sich die altersunabhängigen und die altersabhängigen Erklärungstheorien in ihren Inhalten überschneiden. Die rein altersspezifisch ausgerichteten Erklärungstheorien bringen keine Erkenntnisse, welche nicht auch anhand der allgemeinen Erklärungstheorien zum Vorschein kommen. Hinzu tritt, dass es – ebenso wenig wie für Kriminalität insgesamt – für das Straffälligwerden älterer Menschen keinen allgemein gültigen Erklärungsansatz gibt. Das Entstehen von Kriminalität bleibt immer durch mehrere verschiedene Einflussfaktoren bedingt, es ist nie monokausal.[65] Alterskriminalität stellt die Kriminalität einer sehr heterogenen Bevölkerungsgruppe dar, was sich auch in den Kriminalitätsursachen widerspiegelt.

Bezogen auf die Theorie der Alterskriminalität als Kriminalität der Schwäche ist außerdem festzuhalten, dass sich das traditionelle Altersbild, auf das sich dieser Ansatz stützt, so nicht aufrechterhalten lässt. Die Theorie geht von einem an altersbedingten Gebrechen leidenden, isoliert lebenden, verarmten Rentner aus, was sich angesichts der gesellschaftlichen Entwicklungen der letzten Jahre und Jahrzehnte so nicht – ausnahmslos – halten lässt. Aufgrund der demographischen Entwicklung weitet sich der Lebensabschnitt des Alters zunehmend aus, sodass weitere Differenzierungen notwendig sind. Neben dem traditionellen Altersbild entwickelt sich etwa das Bild der eher jüngeren Alten. Diese versuchen ihren bisherigen Lebensstil möglichst beizubehalten und orientieren sich in ihrem Verhalten mehr an demjenigen jüngerer Menschen.[66]

---

65 Neubacher, Kriminologie, 3. Aufl. 2017, S. 87; Schwind, Kriminologie und Kriminalpolitik, 23. Aufl. 2016, S. 98; siehe dazu Meier, Kriminologie, 5. Aufl. 2016, S. 84 ff.

66 Keßler, Straffälligkeit im Alter: Erscheinungsformen und Ausmaße, 2005, S. 134.

Eine rein altersspezifische Betrachtung des Entstehens von Kriminalität wird einem ausdifferenzierten Altersbild nicht gerecht. Vielmehr müssen sämtliche in Betracht kommende Ursachen, also auch die altersunabhängigen, im Hinblick auf das Entstehen von Kriminalität älterer Menschen Berücksichtigung finden.

C. Alte Menschen im Strafverfahren

I. Allgemeines

Das Strafverfahren ist in der Strafprozessordnung gesetzlich geregelt und lässt sich in Erkenntnis- und Vollstreckungsverfahren unterteilen.[67] Das Erkenntnisverfahren untergliedert sich in drei Abschnitte: das Ermittlungsverfahren, das Zwischenverfahren und das Hauptverfahren.[68] An die im Rahmen des Hauptverfahrens ergangene rechtskräftige Entscheidung schließt sich das Strafvollstreckungsverfahren an.[69]

In der Praxis begegnen einem immer wieder Fälle, bei denen lebensältere Personen straffällig werden, weshalb gegen diese das Hauptverfahren eröffnet wird.

In den letzten Jahren sorgte bspw. wiederholt die sog. „Nazi-Oma" in den Medien für Aufsehen.[70] In seinem Beschluss vom 30.05.2018[71] bestätigte das Oberlandesgericht Hamm die Verurteilung einer damals 89 Jahre alten Angeklagten wegen Volksverhetzung. Die Frau war vom Landgericht Detmold in zwei Fällen zu einer Gesamtfreiheitsstrafe von einem Jahr und zwei Monaten ohne Bewährung verurteilt worden.[72]

Das Landgericht Bonn verurteilte im Jahr 2017 einen damals 74 Jahre alten Rentner wegen versuchter Erpressung des Süßwarenherstellers Haribo und der

---

67 Kindhäuser/Schumann, Strafprozessrecht, 5. Aufl. 2019, § 3 Rdn. 1; Kudlich, in: MüKo-StPO, 2014, Einl. Rdn. 273; Roxin/Schünemann, Strafverfahrensrecht, 29. Aufl. 2017, § 1 Rdn. 9.

68 Kindhäuser/Schumann, Strafprozessrecht, 5. Aufl. 2019, § 3 Rdn. 1; Roxin/Schünemann, Strafverfahrensrecht, 29. Aufl. 2017, § 4 Rdn. 3 ff.; vgl. hierzu Schmitt, in: Meyer-Goßner/Schmitt, StPO, 62. Aufl. 2019, Einl. Rdn. 58 ff.

69 Kindhäuser/Schumann, Strafprozessrecht, 5. Aufl. 2019, § 3 Rdn. 15 f.; Roxin/Schünemann, Strafverfahrensrecht, 29. Aufl. 2017, § 1 Rdn. 9; vgl. hierzu Schmitt, in: Meyer-Goßner/Schmitt, StPO, 62. Aufl. 2019, Einl. Rdn. 65 ff.

70 Siehe dazu z.B. https://daily.spiegel.de/news/holocaust-leugnerin-ursula-haverbeck-vor-gericht-die-nazi-oma-a-50325 (letzter Aufruf 26.12.2018); https://www.sueddeutsche.de/politik/holocaust-leugner-hitlerliebe-1.4062821 (letzter Aufruf 26.12.2018).

71 OLG Hamm, Beschluss vom 30.05.2018 – 4 RVs 37/18 = becklink 2010123.

72 LG Detmold, Urteil vom 28.11.2017 – 25 Ns-21 Js 814/16–44/17 = BeckRS 2017, 150928.

Supermarktketten Lidl und Kaufland zu einer Freiheitsstrafe von drei Jahren und neun Monaten.[73]

Das Landgericht Braunschweig[74] verurteilte im Jahr 2018 einen damals 69-Jährigen wegen versuchten Totschlags in Tateinheit mit gefährlicher Körperverletzung zu zwei Jahren und neun Monaten Freiheitsstrafe. Der Rentner hatte in der Silvesternacht ein zwölfjähriges Mädchen mit einem Schuss schwer verletzt.

II. Besonderheiten im Ermittlungsverfahren

Das Ermittlungsverfahren wird von der Staatsanwaltschaft betrieben. In diesem stellt sie fest, ob ein hinreichender Verdacht dahingehend besteht, dass ein Beschuldigter eine bestimmte strafbare Handlung begangen hat.[75] Gesetzlich geregelt ist das Ermittlungsverfahren in den §§ 151 ff. StPO. Das Ermittlungsverfahren endet entweder mit einer Einstellung gem. § 170 Abs. 2 StPO bzw. gem. §§ 153 ff. StPO oder mit der Erhebung der öffentlichen Klage gem. § 170 Abs. 1 StPO.

In Deutschland gab es im Jahr 2017 insgesamt 4 858 212 von der Staatsanwaltschaft beim Landgericht oder von der Amtsanwaltschaft erledigte Ermittlungsverfahren.[76] Mehr als drei Viertel dieser erledigten Ermittlungsverfahren wurden entweder durch Anklageerhebung (8,73%), durch Antrag auf Erlass eines Strafbefehls (10,95%), durch Einstellung mit Auflage (3,50%), durch Einstellung ohne Auflage (26,00%) oder durch Einstellung gem. § 170 Abs. 2 StPO (27,53%) beendet.[77] Die Reihe 2.6 der Fachserie 10 des Statistischen Bundesamtes nimmt keine Differenzierung der Einstellungsarten im Hinblick auf verschiedene Altersgruppen vor, sodass sich nicht feststellen lässt, in welchem Umfang die Ermittlungsbehörde gerade gegenüber lebensälteren Beschuldigten von den in der Strafprozessordnung vorhandenen flexiblen Gestaltungsmöglichkeiten Gebrauch macht, durch welche entweder die Hauptverhandlung oder zumindest eine förmliche Verurteilung verhindert werden können.[78]

---

73 LG Bonn, Urteil vom 10.07.2017 – 21 KLs-661 Js 861/16–8/17 = BeckRS 2017, 146962.

74 LG Braunschweig, Urteil vom 14.08.2018 = becklink 2010704.

75 Beulke/Swoboda, Strafprozessrecht, 14. Aufl. 2018, Rdn. 2; Fischer, in: KK-StPO, 8. Aufl. 2019, Einl. Rdn. 138; Kindhäuser/Schumann, Strafprozessrecht, 5. Aufl. 2019, § 5 Rdn. 4; Roxin/Schünemann, Strafverfahrensrecht, 29. Aufl. 2017, § 40 Rdn. 6.

76 Statistisches Bundesamt, Fachserie 10, Reihe 2.6, 2017, S. 26.

77 Statistisches Bundesamt, Fachserie 10, Reihe 2.6, 2017, S. 26.

78 So auch Kerner, Alterskriminalität in Deutschland. Befunde und Probleme zu Strafverfolgung, Aburteilung, Strafvollstreckung und Strafvollzug, in: Gebauer/Isomura/Kanasku/Nettesheim, Alternde Gesellschaften im Recht, 2015, S. 208.

Ein bereits fortgeschrittenes Lebensalter mag etwa bei einem Absehen von der Strafverfolgung wegen Geringfügigkeit gem. § 153 StPO eine Rolle spielen. Hier darf die Staatsanwaltschaft das öffentliche Interesse an der Strafverfolgung aufgrund eines hohen Lebensalters des Beschuldigten verneinen,[79] was dann zu einer Einstellung des Verfahrens beitragen kann.

Grundsätzlich spielen Polizei und Staatsanwaltschaft bei der Strafverfolgung eine entscheidende Rolle und es ist denkbar, dass bei ihrem Handeln bezogen auf Ältere Definitions- und Selektionsprozesse zum Tragen kommen. Insgesamt ist wohl davon auszugehen, dass Lebensältere milder behandelt werden als junge oder mittelalte Menschen,[80] etwa aufgrund von fehlender Deliktsschwere, Mitleid oder Unsicherheit im Umgang mit alten Menschen.

III. Besonderheiten im Zwischenverfahren

Sofern die öffentliche Klage durch die Staatsanwaltschaft erhoben wurde, beginnt das Zwischenverfahren, vgl. § 199 StPO. Das zuständige Gericht muss nun prüfen, ob das Hauptverfahren zu eröffnen ist.[81] Nur bei hinreichendem Tatverdacht wird der Eröffnungsbeschluss erlassen, vgl. §§ 203, 207 StPO. Andernfalls wird der Erlass des Eröffnungsbeschlusses abgelehnt, vgl. § 204 StPO. Das Gericht hat lediglich einen Beurteilungsspielraum bzgl. des hinreichenden Tatverdachts, aber keinen eigenen Entscheidungsspielraum.[82] Die Eröffnung des Hauptverfahrens kann entweder aus rechtlichen oder aus tatsächlichen Gründen abgelehnt werden.[83] Zudem kommt auch während dieses Verfahrensabschnitts eine Einstellung aus Opportunitätsgründen gem. der §§ 153 ff. StPO in Betracht, vorausgesetzt Staatsanwaltschaft und Angeschuldigter stimmen zu.[84] Ferner gibt es in diesem Verfahrensabschnitt die vorläufige Einstellung nach § 205 S. 1 StPO,

---

79 Peters, in: MüKo-StPO, 2016, § 153 StPO Rdn. 53.

80 Vgl. hierzu die Ausführungen von Keßler, Straffälligkeit im Alter: Erscheinungsformen und Ausmaße, 2005, S. 254 ff.

81 Kindhäuser/Schumann, Strafprozessrecht, 5. Aufl. 2019, § 3 Rdn. 6; Roxin/Schünemann, Strafverfahrensrecht, 29. Aufl. 2017, § 42 Rdn. 1 f.; Schmitt, in: Meyer-Goßner/Schmitt, StPO, 62. Aufl. 2019, Einl. Rdn. 63.

82 Beulke/Swoboda, Strafprozessrecht, 14. Aufl. 2018, Rdn. 357; Kindhäuser/Schumann, Strafprozessrecht, 5. Aufl. 2019, § 16 Rdn. 5.

83 Vgl. dazu Schmitt, in: Meyer-Goßner/Schmitt, StPO, 62. Aufl. 2019, § 204 StPO Rdn. 2 f.

84 Beulke/Swoboda, Strafprozessrecht, 14. Aufl. 2018, Rdn. 365; Kindhäuser/Schumann, Strafprozessrecht, 5. Aufl. 2019, § 16 Rdn. 28 ff.; Roxin/Schünemann, Strafverfahrensrecht, 29. Aufl. 2017, § 42 Rdn. 14 f.

sofern der Hauptverhandlung für längere Zeit die Abwesenheit des Angeschuldigten oder ein anderes in seiner Person liegendes Hindernis entgegenstehen.

Der prozentuale Anteil der durch eine Ablehnung der Eröffnung des Hauptverfahrens erledigten Verfahren ist relativ gering. Im Jahr 2017 beträgt er bei den vor den Amtsgerichten erledigten Verfahren 0,32%, bei den vor den Landgerichten erledigten 1,78% und bei den vor den Oberlandesgerichten erledigten 2,08%.[85]

Auch hier finden sich in der entsprechenden Statistik des Statistischen Bundesamtes[86] keine Erhebungen zum Alter der betroffenen Angeschuldigten. Da sich aber die Anzahl der sich im Zwischenverfahren erledigenden Verfahren insgesamt sehr in Grenzen hält, werden das Alter und mit diesem im Zusammenhang stehende Gesichtspunkte im Rahmen dieses Verfahrensabschnitts eher eine geringfügige Rolle spielen. Entsprechendes ist vielmehr bereits im Rahmen des Ermittlungsverfahrens oder schon zuvor zum Tragen gekommen.

IV. Besonderheiten im Hauptverfahren

Mit Erlass des Eröffnungsbeschlusses beginnt das Hauptverfahren, welches sich in die Vorbereitung der Hauptverhandlung (§§ 212 ff. StPO) und die Durchführung der Hauptverhandlung selbst (§§ 226 ff. StPO) unterteilt.[87] Die Hauptverhandlung endet in der Regel mit einem Urteil.[88] Vor den Amtsgerichten fanden im Jahr 2017 40,71% der erledigten Strafverfahren ihren Abschluss durch Urteil, vor den Landgerichten 67,05% und vor den Oberlandesgerichten sogar 85,42%.[89]

In Deutschland gab es im Jahr 2017 insgesamt 637 131 erwachsene Verurteilte, von denen 42 324 (= 6,64%) 60 Jahre oder älter waren.[90] Die Zahl der Verurteilten umfasst diejenigen Angeklagten, gegen die nach allgemeinem Strafrecht Freiheitsstrafe, Strafarrest oder Geldstrafe verhängt worden ist.[91] Betrachtet man die absolute Anzahl der Verurteilten, die 60 Jahre und älter sind, fällt

---

85 Statistisches Bundesamt, Fachserie 10, Reihe 2.3, 2017, S. 28, S. 66, S. 114.

86 Statistisches Bundesamt, Fachserie 10, Reihe 2.3, 2017.

87 Fischer, in: KK-StPO, 8. Aufl. 2019, Einl. Rdn. 171; Kindhäuser/Schumann, Strafprozessrecht, 5. Aufl. 2019, § 3 Rdn. 8; Roxin/Schünemann, Strafverfahrensrecht, 29. Aufl. 2017, § 43 Rdn. 1.

88 Beulke/Swoboda, Strafprozessrecht, 14. Aufl. 2018, Rdn. 2; Kindhäuser/Schumann, Strafprozessrecht, 5. Aufl. 2019, § 17 Rdn. 17, 24; Schmitt, in: Meyer-Goßner/Schmitt, StPO, 62. Aufl. 2019, § 260 StPO Rdn. 2.

89 Statistisches Bundesamt, Fachserie 10, Reihe 2.3, 2017, S. 40, S. 78, S. 120.

90 Statistisches Bundesamt, Fachserie 10, Reihe 3, 2017, S. 25.

91 Statistisches Bundesamt, Fachserie 10, Reihe 3, 2017, S. 15.

auf, dass sich die Zahl in den letzten zwanzig Jahren signifikant erhöhte, obwohl die Anzahl der verurteilten Erwachsenen insgesamt eher gleich geblieben ist. So erklärt sich, dass sich der prozentuale Anteil derjenigen Verurteilten, die 60 Jahre und älter sind, an den verurteilten Erwachsenen insgesamt fast verdoppelt hat. Er stieg von 3,86% im Jahr 1997 auf 6,64% im Jahr 2017.

Tabelle 11: Verurteilte in den Jahren 1997 bis 2017

Jahr	Verurteilungen Erwachsene insgesamt	Verurteilungen 60 Jahre und älter	
		Absolut	**Prozentual**
1997	**664 694**	**25 665**	**3,86%**
1998	670 344	27 298	4,07%
1999	637 083	28 215	4,43%
2000	609 736	29 185	4,79%
2001	593 725	30 266	5,10%
2002	591 159	31 036	5,25%
2003	607 924	32 638	5,37%
2004	641 166	35 092	5,47%
2005	645 743	35 917	5,56%
2006	618 592	34 295	5,54%
2007	742 394	41 266	5,56%
2008	726 312	40 889	5,63%
2009	697 729	39 773	5,70%
2010	677 787	39 624	5,85%
2011	680 062	40 815	6,00%
2012	659 108	40 874	6,20%
2013	652 371	40 771	6,25%
2014	655 446	41 715	6,36%
2015	653 611	40 848	6,25%
2016	655 379	41 702	6,36%
2017	**637 131**	**42 324**	**6,64%**

Quelle: Statistisches Bundesamt, Fachserie 10, Reihe 3, 1997–2017.

Das Alter eines Angeklagten kann sowohl im Hinblick auf die Schuldfähigkeit wie auch bei der Durchführung der Hauptverhandlung und bei der Urteilsfindung eine Rolle spielen. Strafgerichte müssen sich deshalb mit der Frage auseinandersetzen, wie mit lebensälteren Menschen im Strafprozess bzw. bei deren Verurteilung umzugehen ist.

1. Besonderheiten im Hinblick auf die (verminderte) Schuldfähigkeit nach §§ 20, 21 StGB

Im Rahmen eines Strafverfahrens geht es um die Frage der Strafbarkeit des Angeklagten. Nach dem dreistufigen Verbrechensaufbau macht sich jemand strafbar, wenn er tatbestandsmäßig, rechtswidrig und schuldhaft handelt. Grundvoraussetzung der Schuld ist die strafrechtliche Verantwortlichkeit des Angeklagten.

Hinsichtlich der strafrechtlichen Verantwortlichkeit unterscheidet das Gesetz verschiedene Altersstufen. Es differenziert zwischen Kindern, Jugendlichen, Heranwachsenden und Erwachsenen. Kinder sind unter 14-Jährige, vgl. § 19 StGB. Jugendlicher ist nach § 1 Abs. 2 JGG, wer zur Zeit der Tat 14, aber noch nicht 18 Jahre alt ist, Heranwachsender, wer zur Zeit der Tat 18, aber noch nicht 21 Jahre alt ist, § 1 Abs. 2 JGG. Erwachsene im strafrechtlichen Sinne sind Personen, die 21 Jahre oder älter sind. Während für Kinder die Schuldunfähigkeit gem. § 19 StGB unwiderlegbar vermutet wird, geht man bei Jugendlichen davon aus, dass sie je nach dem Grad der individuellen Persönlichkeitsentwicklung schuldfähig sein können, weshalb § 3 S. 1 JGG anordnet, dass bei Jugendlichen in jedem Einzelfall positiv festgestellt werden muss, dass sie zur Zeit der Tat schuldfähig waren.[92] Für Heranwachsende sowie für Erwachsene wird die Schuldfähigkeit widerlegbar vermutet.[93] Es gelten die §§ 20, 21 StGB. Das Gesetz geht also von der grundsätzlichen Schuldfähigkeit einer volljährigen Person aus. Sofern Anhaltspunkte dafür vorliegen, dass Schuldunfähigkeit im Sinne des § 20 StGB oder eine verminderte Schuldfähigkeit im Sinne des § 21 StGB vorliegen, hat das Gericht dies vollumfänglich zu prüfen.

Es sind im Wesentlichen zwei Konstellationen denkbar, wie sich ein vorangeschrittenes Lebensalter im Hinblick auf die Schuldfähigkeitsprüfung auswirken kann. Möglich ist zum einen, dass einem alten Angeklagten aufgrund von mehr Lebenserfahrung eine umfassendere Verantwortlichkeit zugesprochen wird als einem jüngeren Angeklagten. Aber auch das Gegenteil kann der Fall sein, nämlich dass aufgrund des Alters grundsätzlich von einer verringerten Verantwortung ausgegangen wird, dem lebensälteren Angeklagten also eine Art Narrenfreiheit zu Gute kommt. In jedem Fall empfiehlt es sich bei einem älteren Angeklagten, der Prüfung der Schuldfähigkeit ausreichend Aufmerksamkeit zu schenken.

---

92 Laue, in: MüKo-StGB, 3. Aufl. 2017, § 3 JGG Rdn. 1; Zieschang, Strafrecht Allgemeiner Teil, 5. Aufl. 2017, Rdn. 329.

93 Laue, in: MüKo-StGB, 3. Aufl. 2017, § 3 JGG Rdn. 1; Streng, in: MüKo-StGB, 3. Aufl. 2017, § 20 StGB Rdn. 2.

Das heißt, dass gerade bei lebensälteren Angeklagten das Gericht bei Fragen der Schuldfähigkeit besondere Sorgfalt walten lassen muss.[94] In der Rechtsprechung fallen vor allem Fälle der Sexualkriminalität auf, bei denen eine verminderte Schuldfähigkeit des zum Tatzeitpunkt alten Straftäters in Betracht zu ziehen war. Der Bundesgerichtshof hat festgehalten, dass bei einer erstmaligen Sexualstraftat in hohem Alter die Prüfung einer verminderten oder aufgehobenen Schuldfähigkeit des Angeklagten und ihre Erörterung im Urteil veranlasst ist, sofern weitere Besonderheiten in der Person des Täters bestehen, die geeignet sind, auf die Möglichkeit einer durch Altersabbau bedingten Enthemmtheit hinzudeuten.[95] Diese Feststellungen beziehen sich unter anderem auf einen Fall, in dem ein 94-jähriger Angeklagter von dem Landgericht Baden-Baden mit Urteil vom 16. Dezember 2016[96] wegen sexuellen Missbrauchs eines Kindes in zwei Fällen zu einer Gesamtfreiheitsstrafe von 9 Monaten verurteilt wurde.[97] Das Landgericht nahm in seinem Urteil ohne jegliche Erörterung an, dass der Angeklagte bei Begehung der Taten uneingeschränkt schuldfähig gewesen sei. Die Möglichkeit des Ausschlusses oder einer erheblichen Verminderung der Schuldfähigkeit im Sinne der §§ 20, 21 StGB wurde vom Landgericht nicht in Betracht gezogen. Der Bundesgerichtshof hob das Urteil des Landgerichts auf und führt in seiner Entscheidung aus, dass zwar nicht bei jedem Täter, der jenseits einer bestimmten Altersgrenze erstmals Sexualstraftaten begeht, Anlass bestehe, die Frage einer erheblich verminderten Schuldfähigkeit oder Schuldunfähigkeit zu prüfen. Eine solche Prüfung sei aber jedenfalls dann veranlasst, wenn – wie in dem vorliegenden Fall – der lebensältere Angeklagte bisher nicht strafrechtlich in Erscheinung trat und eine Vielzahl altersbedingter Leiden[98] aufwies. In einem solchen Fall könne man nicht ausschließen, dass die Schuldfähigkeit des

---

94 So auch Beck, Alter schützt vor Strafe nicht?, in: HRRS 2010, S. 158.

95 BGH, Beschluss vom 02.08.2017 – 4 StR 190/17 (94-jähriger Ersttäter) = NStZ-RR 2018, S. 24, StV 2018, S. 211; siehe auch: BGH, Urteil vom 13.10.2005 – 5 StR 347/05 (63-jähriger Ersttäter) = NStZ-RR 2006, S. 38, StV 2006, S. 13; BGH, Beschluss vom 11.01.2005 – 3 StR 450/04 (71-jähriger Ersttäter) = NStZ-RR 2005, S. 167, BeckRS 2005, 02284; BGH, Urteil vom 11.08.1998 – 1 StR 338/98 (61-jähriger Ersttäter) = NStZ 1999, S. 297 (m. Anm. Kröber), BeckRS 1998, 30021502.

96 LG Baden-Baden, Urteil vom 16.12.2016 – 203 Js 14300/15 (mitgeteilt bei: http://www.juris.de/perma?d=KORE634062017, letzter Aufruf 30.03.2019).

97 Siehe dazu BGH, StRR 1/2018, S. 16 (m. Anm. Detlef Burhoff).

98 In dem dargelegten Fall litt der Angeklagte an Diabetes, Herzrhythmusstörungen, Osteochrondose, den Folgen eines Schlaganfalls und an altersbedingten Mobilitätseinschränkungen.

Angeklagten bei Begehung der Taten infolge altersbedingter, auch psychischer Veränderungen erheblich vermindert oder aufgehoben sei.

Diese vom Bundesgerichtshof für Sexualstraftaten entwickelten Grundsätze lassen sich auf Straftaten alter Menschen generell übertragen, sodass es zwingend notwendig bleibt, jedenfalls bei alten Angeklagten, welche an altersbedingten Defiziten leiden, eine sorgfältige Einzelfallprüfung vorzunehmen, ob der Angeklagte zum Tatzeitpunkt schuldunfähig oder vermindert schuldfähig war.

2. Besonderheiten bei der Durchführung der Hauptverhandlung

Der Angeklagte muss verhandlungsfähig sein, damit die Hauptverhandlung gegen ihn stattfinden kann. Verhandlungsfähigkeit meint die Fähigkeit des Beschuldigten, im Hinblick auf die Verhandlung die eigenen Interessen vernünftig wahrzunehmen, die Verteidigung in verständiger und verständlicher Weise zu führen und Prozesserklärungen abzugeben und entgegenzunehmen.[99] Sofern Zweifel an der (teilweisen) Verhandlungsfähigkeit des Angeklagten bestehen, wird dessen Gesundheitszustand von einem gerichtlich beauftragten Sachverständigen begutachtet. Nach dem Ergebnis der gutachterlichen Untersuchung wird über den weiteren Verlauf des Prozesses entschieden. Grundsätzlich soll sich die Hauptverhandlung aufgrund der im Strafprozess geltenden Konzentrationsmaxime über einen möglichst überschaubaren Zeitraum erstrecken.[100]

Bei einer (altersbedingten) Erkrankung des Angeklagten sind Ort, Zeit und Dauer der Hauptverhandlung so einzurichten, dass der Angeklagte ihr zu folgen vermag.[101] Das Gericht kann zudem durch eine angepasste Verhandlungsführung auf altersbedingte gesundheitliche Einschränkungen reagieren, indem es bspw. angemessene Pausen gewährt und Unterbrechungen vornimmt und die Verhandlung unter ärztlicher Aufsicht stattfinden lässt.[102]

Ein Beispiel aus der Praxis, das entsprechende Fragestellungen betrifft,[103] ist ein Strafverfahren vor dem Aachener Landgericht[104], bei dem sich ein damals

---

99 BGH, Beschluss vom 4.12.2012 – 4 StR 405/12 = NStZ-RR 2013, S. 154 f.; Schmitt, in: Meyer-Goßner/Schmitt, StPO, 62. Aufl. 2019, Einl. Rdn. 97.

100 Beulke/Swoboda, Strafprozessrecht, 14. Aufl. 2018, Rdn. 381; Kindhäuser/Schumann, Strafprozessrecht, 5. Aufl. 2019, § 18 Rdn. 24 f.; Roxin/Schünemann, Strafverfahrensrecht, 29. Aufl. 2017, § 44 Rdn. 7.

101 Schmitt, in: Meyer-Goßner/Schmitt, StPO, 62. Aufl. 2019, § 230 StPO Rdn. 9.

102 Schmitt, in: Meyer-Goßner/Schmitt, StPO, 62. Aufl. 2019, Einl. Rdn. 97a.

103 Vgl. hierzu FD-StrafR 2009, 290740, beck-online.

104 LG Aachen, Urteil vom 23.03.2010 – 52 Ks 45 Js 18–83 10/09 (mitgeteilt bei: Walther, in: ZJS 2013, S. 16 Fn. 1).

88-jähriger Angeklagter trotz angeschlagener Gesundheit für seine Taten verantworten musste. Der angeklagte NS-Verbrecher wurde vom Landgericht Aachen wegen Mordes in drei Fällen zu einer lebenslangen Freiheitsstrafe verurteilt. Das Landgericht beauftragte im Zwischenverfahren einen medizinischen Sachverständigen, um die Frage der Verhandlungsfähigkeit zu klären. Nach der Einschätzung des Sachverständigen war die Verhandlungsfähigkeit des Angeklagten nicht gegeben. Der Angeklagte leide unter einer schweren chronischen Herzinsuffizienz und durch psychische Belastungssituationen wie in der Verhandlung könne eine akute kardiale Dekompensation bis hin zum Herz-Kreislaufversagen verursacht werden. Aufgrund dieser Einschätzung lehnte das Landgericht Aachen die Eröffnung des Hauptverfahrens aus Rechtsgründen gem. § 204 Abs. 1 StPO ab. Gegen diesen Nichteröffnungsbeschluss legten die Staatsanwaltschaft und ein Nebenkläger sofortige Beschwerde ein, über die das Oberlandesgericht Köln zu entscheiden hatte. Im Beschwerdeverfahren wurden auf Anordnung des Oberlandesgerichts der Leiter des Altenheims sowie die zuständige Pflegedienstleiterin als Zeugen vernommen, um den aktuellen Gesundheitszustand des Beschwerdeführers zu ermitteln. Mit Beschluss vom 1. Juli 2009[105] eröffnete das Oberlandesgericht Köln unter Abänderung des Beschlusses des Landgerichts Aachen das Hauptverfahren vor dem Landgericht Aachen und stellte fest, dass der Angeklagte trotz schwerer Herzerkrankung verhandlungsfähig sei. Nach Abwägung seines grundrechtlich geschützten Interesses an körperlicher Unversehrtheit mit der Pflicht des Staates zur Gewährung einer funktionierenden Strafrechtspflege habe der Angeklagte die Durchführung der Hauptverhandlung hinzunehmen. Die lebensbedrohliche Herzerkrankung stelle ein allgemeines Lebensrisiko dar, dem man mit einer angepassten Verhandlungsführung begegnen könne.

Das Bundesverfassungsgericht entschied mit Beschluss vom 6. Oktober 2009[106], die diesbezügliche Verfassungsbeschwerde nicht zur Entscheidung anzunehmen, da es in der vom Oberlandesgericht Köln vorgenommenen Abwägung keine Fehler erkennen konnte. Das Bundesverfassungsgericht betont in seiner Entscheidung, dass vor allem Art, Umfang und mutmaßliche Dauer des Strafverfahrens, Art und Intensität der zu befürchtenden Schädigung sowie die Möglichkeiten, einer Schädigung entgegenzuwirken, zu berücksichtigen sind und berücksichtigt wurden.

---

105 OLG Köln, Beschluss vom 01.07.2009–2 Ws 69/09 = BeckRS 2009, 19898.

106 BVerfG, Beschluss vom 6.10.2009 – 2 BvR 1724/09 = EuGRZ 2009, S. 645, BeckRS 2009, 39528.

In den Medien sorgte ein weiteres Verfahren für Aufsehen.[107] In einem Verfahren vor dem Landgericht München[108] verurteilte dieses einen NS-Verbrecher wegen der 16-fachen Beihilfe zum Mord in mehreren tausend Fällen zu einer Gesamtfreiheitsstrafe von fünf Jahren. Der damals 91-jährige Angeklagte wurde für bedingt verhandlungsfähig erklärt,[109] die Verhandlungsdauer durfte jedoch pro Tag nicht mehr als zweimal 90 Minuten betragen.[110] Aus gesundheitlichen Gründen war es dem Angeklagten gestattet, dem Prozess liegend in einem speziell für dieses Verfahren bereitgestellten Krankenbett beizuwohnen, und man schob ihn lediglich für die Verlesung des Urteils in einem Rollstuhl sitzend vor den Richtertisch.[111] Trotz des Schuldspruchs erfolgte die Entlassung des Angeklagten aus der Haft, was insbesondere mit dem Gesundheitszustand des Angeklagten begründet wurde.[112] Bevor das Urteil in Rechtskraft erwuchs, verstarb der Angeklagte in einem Pflegeheim.[113]

Gerichte müssen demnach gerade bei altersschwachen Angeklagten eine möglicherweise eingeschränkte Verhandlungsfähigkeit in Betracht ziehen und die Hauptverhandlung gegebenenfalls dementsprechend gestalten.

3. *Besonderheiten bei Urteilsfindung und Strafzumessung*

Insbesondere im Hinblick auf die Urteilsfindung und die Strafzumessung kann ein vorangeschrittenes Lebensalter von Bedeutung sein.

Die Grundsätze der Strafzumessung sind in § 46 StGB gesetzlich geregelt. Gem. § 46 Abs. 1 S. 1 StGB ist die Schuld des Täters die Grundlage für die Zumessung der Strafe. Daneben spielen gem. § 46 Abs. 1 S. 2 StGB auch die Wirkungen, die von der Strafe für das künftige Leben des Täters in der Gesellschaft zu erwarten sind, eine Rolle. In § 46 Abs. 2 StGB nennt das Gesetz weitere Gesichtspunkte, welche bei der Strafzumessung Bedeutung erlangen können. Das fortgeschrittene Lebensalter wird in der Vorschrift des § 46 StGB nicht ausdrücklich

---

107 http://www.spiegel.de/panorama/fall-john-demjanjuk-unbehagen-nach-dem-urteil-a-762193.html (letzter Aufruf 27.12.2018).

108 LG München II, Urteil vom 12.05.2011 – 1 Ks 115 Js 12496/08 = BeckRS 2011, 139286.

109 Beck, Alter schützt vor Strafe nicht?, in: HRRS 2010, S. 161.

110 Beck, Alter schützt vor Strafe nicht?, in: HRRS 2010, S. 159.

111 Ferrario, Die Strafzumessung gegenüber älteren Straftätern im internationalen Vergleich, in: Kunz/Gertz, Straffälligkeit älterer Menschen, 2015, S. 78.

112 http://www.spiegel.de/panorama/fall-john-demjanjuk-unbehagen-nach-dem-urteil-a-762193.html (letzter Aufruf 27.12.2018).

113 http://www.spiegel.de/panorama/justiz/ns-kriegsverbrecher-john-demjanjuk-ist-tot-a-821950.html (letzter Aufruf 27.12.2018).

genannt und auch sonst existieren keine gesetzlichen Vorgaben für die Berücksichtigung des hohen Lebensalters eines Straftäters im deutschen Strafrecht.

Ein fortgeschrittenes Lebensalter und mit diesem einhergehende Defizite können jedoch für die Strafempfindlichkeit und Strafempfänglichkeit eines Angeklagten relevant sein, was im Rahmen der Strafzumessung durchaus eine Rolle spielen mag.[114] Während sich die Strafempfindlichkeit auf die repressive Wirkung der Strafe bezieht und Auswirkungen auf das Maß der schuldausgleichenden Strafe hat, bezieht sich die Strafempfänglichkeit auf präventive Auswirkungen der Strafe, indem sie die Bereitschaft des Einzelnen umfasst, die Strafe ihrem Sinn und Zweck nach anzunehmen.[115]

Die Strafzumessung findet in drei Schritten statt. Zunächst muss der gesetzliche Strafrahmen festgelegt werden, dann kommt es zur Einordnung der Tat in diesen Strafrahmen und abschließend erfolgt nochmals die Berücksichtigung vor allem präventiver Aspekte.[116] Diese drei Schritte der Strafzumessung hat das Gericht nach der sog. Spielraumtheorie nacheinander zu vollziehen, auch wenn jeweils dieselben strafzumessungsrelevanten Umstände zu berücksichtigen sind.[117] Das Alter eines Angeklagten kann hinsichtlich aller drei Stufen der Strafzumessung Bedeutung erlangen.

Denkbar ist also zunächst, das Alter bereits in die Entscheidung hinsichtlich des Strafrahmens einfließen zu lassen und es als wesentlichen Aspekt für die Einordnung einer Tat als minder schwerer Fall heranzuziehen.[118]

---

114 Vgl. dazu Ferrario, Die Strafzumessung gegenüber älteren Straftätern im internationalen Vergleich, in: Kunz/Gertz, Straffälligkeit älterer Menschen, 2015, S. 80 ff.; Streng, Strafzumessung bei Tätern mit hohem Lebensalter, in: JR 2007, S. 271 ff.; dazu auch Schaumann, Alter, Krankheit und Behinderung im deutschen Strafrecht, insbesondere im Strafzumessungsrecht, 2000, S. 11 ff.

115 Ferrario, Die Strafzumessung gegenüber älteren Straftätern im internationalen Vergleich, in: Kunz/Gertz, Straffälligkeit älterer Menschen, 2015, S. 80; Henkel, Strafempfindlichkeit und Strafempfänglichkeit des Angeklagten als Strafzumessungsgründe, in: Kuchinke, Festschrift für Lange, 1970, S. 179 f.

116 BGH, Urteil vom 31.05.1983 – 1 StR 277/83 = NStZ 1983, S. 407; BGH, Beschluss vom 14.12.1984 – 2 StR 781/84 = NStZ 1985, S. 164; Schäfer/Sander/v. Gemmeren, Praxis der Strafzumessung, 6. Aufl. 2017, Rdn. 882 ff.

117 Schäfer/Sander/v. Gemmeren, Praxis der Strafzumessung, 6. Aufl. 2017, Rdn. 890.

118 Vgl. Detter, Das Alter und das Strafrecht, in: Arbeitsgemeinschaft Strafrecht des Deutschen Anwaltsvereins, Strafverteidigung im Rechtsstaat, 2009, S. 283; Ferrario, Die Strafzumessung gegenüber älteren Straftätern im internationalen Vergleich, in: Kunz/Gertz, Straffälligkeit älterer Menschen, 2015, S. 79; dagegen Streng, Strafzumessung bei Tätern mit hohem Lebensalter, in: JR 2007, S. 272 f.

Das Gesetz kennt bei einigen Tatbeständen Sonderstrafrahmen für entweder besonders schwere oder für minder schwere Fälle. Minder schwere Fälle finden sich z. B. in § 177 StGB (Sexueller Übergriff, sexuelle Nötigung, Vergewaltigung), § 213 StGB (Minder schwerer Fall des Totschlags), § 227 StGB (Körperverletzung mit Todesfolge) oder in § 249 StGB (Raub).

Bei der Prüfung eines minder schweren Falles hat man alle Umstände, die für die Wertung von Tat und Täter in Betracht kommen, unabhängig davon, ob sie der Tat innewohnen, sie begleiten, ihr vorausgehen oder folgen, in einer Gesamtwürdigung zu berücksichtigen.[119] Es sind also sämtliche strafzumessungserheblichen Umstände in Betracht zu ziehen. Auch täterbezogene Umstände – wie z. B. besondere Wirkungen der Strafe bei geringer Lebenserwartung oder bei besonderer Strafempfindlichkeit – können einen Milderungsgrund darstellen.[120] Eine höhere bzw. besondere Strafempfindlichkeit vermag einerseits darauf zurückzugehen, dass der Alltag im Strafvollzug für alte Menschen besonders beschwerlich sein kann. Andererseits erlangt natürlich auch die bei alten Angeklagten reduzierte Lebenserwartung an Bedeutung, da sich bei alten Angeklagten ihre Chance auf Haftentlassung vor dem eigenen Tod verringert.

Diese Aspekte der besonderen Strafempfindlichkeit können auch im Rahmen der eigentlichen Strafzumessung bestimmend werden, wenn es also darum geht, ein im vorgegebenen Strafrahmen liegendes konkretes Strafmaß zu finden. Das Gericht muss an dieser Stelle sämtliche für und gegen den Angeklagten sprechenden Umstände gegeneinander abwägen, vgl. § 46 Abs. 2 S. 1 StGB. Neben der unter Umständen strafmildernd wirkenden besonderen Strafempfindlichkeit ist bspw. auch denkbar, dass ein fortgeschrittenes Lebensalter aufgrund der damit verbundenen vermehrten Lebenserfahrung strafschärfend Berücksichtigung findet.

Im Zusammenhang mit Präventionsüberlegungen, also in einem letzten Schritt der Strafzumessung, können insbesondere bei alten Ersttätern etwa auch Überlegungen zur Wiederholungswahrscheinlichkeit eine besondere Rolle spielen.

In der Rechtsprechung finden sich vornehmlich Fälle, in denen ein hohes Lebensalter auf Seiten des Angeklagten zu dessen Gunsten berücksichtigt wird. Eine Strafobergrenze aufgrund hohen Lebensalters gibt es jedoch nicht. Dies stellte der Bundesgerichtshof ausdrücklich klar.[121] Der Feststellung des

---

119 Fischer, StGB, 65. Aufl. 2018, § 46 StGB Rdn. 85.

120 Schäfer/Sander/v. Gemmeren, Praxis der Strafzumessung, 6. Aufl. 2017, Rdn. 1119 f.

121 BGH, Urteil vom 27.04.2006 – 4 StR 572/05 = NJW 2006, S. 2129, BeckRS 2006, 06450.

Bundesgerichtshofs liegt ein Sachverhalt zugrunde, welcher auch in den Medien präsent war, der Fall um die sog. „Opa-Bande“.[122] Das Landgericht Hagen hat mit Urteil vom 10. Juni 2005[123] drei erheblich und einschlägig vorbestrafte Angeklagte im Alter von 64, 74 und 75 Jahren wegen mehrerer bewaffneter Banküberfälle zu Freiheitsstrafen von 12 Jahren, 10 Jahren und 9 Jahren verurteilt.[124] Die Angeklagten wandten sich mit ihrer Revision gegen die Höhe der verhängten Strafen. Die zugemessene Strafe müsse ihnen die Aussicht eröffnen, dass sie noch einen Rest ihres Lebens in Freiheit verbringen würden, selbst wenn dies nur unter der Voraussetzung möglich sei, dass eine unverhältnismäßig niedrige Strafe ausgesprochen werde.[125] Der Bundesgerichtshof führt in seiner Entscheidung[126] aus, es gebe keinen Rechtssatz mit dem Inhalt, dass jeder Täter nach dem Maß der verhängten Strafe Gewissheit haben müsse, wieder in die Freiheit entlassen zu werden. Aus einem hohen Lebensalter eines Angeklagten könne sich auch unter Berücksichtigung statistischer Erkenntnisse zur Lebenserwartung keine Strafobergrenze ergeben. Das Alter und eine damit verbundene erhöhte Haftempfindlichkeit seien zwar ein Strafmilderungsgrund, allerdings dürfe es keinen übermäßigen Altersrabatt geben, da sonst vermittelt werden könnte, dass es sich lohne, im Alter Straftaten zu begehen, weil im Falle der Ergreifung nur eine geringe Strafe drohe.

V. Besonderheiten im Strafvollstreckungsverfahren

Sofern das Urteil in Rechtskraft erwachsen ist, beginnt das Vollstreckungsverfahren. Geregelt ist dieses in den §§ 449 ff. StPO. Es findet die Durchführung der im Urteil angeordneten Rechtsfolge statt.[127] Zur Strafvollstreckung gehören alle Maßnahmen und Anordnungen, die auf Verwirklichung, Abänderung oder Aufhebung einer von einem Strafgericht erlassenen Entscheidung gerichtet sind.[128] Die Strafvollstreckung betreffende Entscheidungen obliegen primär

---

122 Bspw. https://www.focus.de/panorama/welt/rente-im-knast_aid_95440.html (letzter Aufruf 28.12.2018); https://www.stern.de/panorama/stern-crime/gerichtsurteil-31-jahre-haft-fuer--opa-bande--3295350.html (letzter Aufruf 28.12.2018).

123 LG Hagen, Urteil vom 10.06.2005 – 44 KLs 600 Js 205/04 (1/05) (mitgeteilt bei: http://www.juris.de/perma?d=KVRE366550701, letzter Aufruf 30.03.2019).

124 Siehe dazu auch Ferrario, Die Strafzumessung gegenüber älteren Straftätern im internationalen Vergleich, in: Kunz/Gertz, Straffälligkeit älterer Menschen, 2015, S. 78.

125 Beck-aktuell-Redaktion, Verlag C.H. Beck, 27. April 2006, becklink 178662.

126 BGH, Urteil vom 27.04.2006 – 4 StR 572/05 = NStZ 2006, S. 500, BeckRS 2006, 06450.

127 Kudlich, in: MüKo-StPO, 2014, Einl. Rdn. 273.

128 Schmitt, in: Meyer-Goßner/Schmitt, StPO, 62. Aufl. 2019, Vor § 449 StPO Rdn. 1.

der Staatsanwaltschaft als Vollstreckungsbehörde, vgl. § 451 Abs. 1 StPO. Der Strafvollzug gehört nicht zum Vollstreckungsverfahren. Während die Strafvollstreckung vor allem das „Ob“ der Sanktionsverwirklichung regelt, umfasst der Strafvollzug das „Wie“.[129]

Ein vorangeschrittenes Lebensalter kann insbesondere eine Rolle spielen bei Entscheidungen über eine Strafunterbrechung, über eine Haftverkürzung oder über die Entlassung im Gnadenwege.

1. Möglichkeit der Strafunterbrechung

Unter anderem aus dem Prinzip der Rechtsstaatlichkeit folgt das Gebot, rechtskräftig erkannte Freiheitsstrafen auch zu vollstrecken, wobei dieses Gebot seine Grenze in dem Grundrecht des Verurteilten auf Leben und körperliche Unversehrtheit aus Art. 2 Abs. 2 S. 1 GG findet.[130] Hinsichtlich der strafvollstreckungsrechtlichen Vorschriften ist zunächst auf die Bestimmung des § 455 StPO hinzuweisen, die es der Staatsanwaltschaft als Vollstreckungsbehörde (§ 451 Abs. 1 StPO) ermöglicht, die personalen Bedürfnisse – und damit auch altersbedingte Probleme – eines rechtskräftig verurteilten Straftäters bei vollstreckungsrechtlichen Fragen zu berücksichtigen.[131] § 455 StPO bestimmt die Voraussetzungen, unter denen einem Verurteilten krankheitsbedingt Strafausstand bewilligt werden kann oder muss.[132] Die Vorschrift unterscheidet zwischen zwei Fällen des Strafausstands, dem Aufschub der Vollstreckung (Abs. 1 bis 3) und der Unterbrechung der Vollstreckung (Abs. 4). Strafaufschub bezeichnet den Strafausstand vor Beginn des Vollzugs, Strafunterbrechung den Strafausstand nach Beginn des Vollzugs.[133]

Gemäß § 455 Abs. 1 StPO ist Strafaufschub zu gewähren, wenn der Verurteilte in Geisteskrankheit verfällt. Nach § 455 Abs. 2 StPO stellt Voraussetzung für den Strafaufschub eine Krankheit dar, von der die Besorgnis naher Lebensgefahr für

129 Laubenthal, Strafvollzug, 8. Aufl. 2019, Rdn. 12; Laubenthal/Nestler, Strafvollstreckung, 2. Aufl. 2018, Rdn. 6.

130 BVerfG, Beschluss vom 09.03.2010 – 2 BvR 3012/09 = BVerfGK 17, S. 133, BeckRS 2010, 47959; BVerfG, Beschluss vom 21.12.2017 – 2 BvR 2772/17 = NJW 2018, S. 289, BeckRS 2017, 136555.

131 Kerner, Alterskriminalität in Deutschland. Befunde und Probleme zu Strafverfolgung, Aburteilung, Strafvollstreckung und Strafvollzug, in: Gebauer/Isomura/Kansaku/Nettesheim, Alternde Gesellschaften im Recht, 2015, S. 212.

132 Walther, in: BeckOK-Strafvollzugsrecht Bund, 15. Edition 2019, § 455 StPO, Rdn. 1.

133 Schmitt, in: Meyer-Goßner/Schmitt, StPO, 62. Aufl. 2019, § 455 StPO Rdn. 1; Walther, in: BeckOK-Strafvollzugsrecht Bund, 15. Edition 2019, § 455 StPO, Rdn. 1.

den Verurteilten ausgeht. Schließlich kann nach § 455 Abs. 3 StPO Strafaufschub gewährt werden, wenn ein körperlicher Zustand des Verurteilten gegeben ist, der eine sofortige Vollstreckung als mit der Einrichtung der Strafanstalt unverträglich erscheinen lässt.

Die Strafunterbrechung des einmal begonnenen Vollzugs steht grundsätzlich unter strengeren Voraussetzungen als der Strafaufschub, da sie den Zeitpunkt der Entlassung des Gefangenen hinausschiebt.[134] Die Voraussetzungen von § 455 Abs. 4 S. 1 Nr. 1 und Nr. 2 StPO entsprechen denjenigen in § 455 Abs. 1 StPO (Geisteskrankheit) und § 455 Abs. 2 StPO (Besorgnis naher Lebensgefahr). Die Vorschrift des § 455 Abs. 4 S. 1 Nr. 3 StPO weitet die Kriterien des § 455 Abs. 3 StPO etwas aus und verlangt eine sonstige schwerwiegende Erkrankung.

Ein Beispiel aus der Praxis für den Strafaufschub betreffende Fragestellungen ist der Fall eines früheren SS-Mannes, der im Alter von 94 Jahren von dem Landgericht Lüneburg wegen Beihilfe zum Mord in 300 000 Fällen zu einer Freiheitsstrafe von vier Jahren verurteilt wurde.[135] Nach der Revision des Angeklagten bestätigte der Bundesgerichtshof das Urteil des Landgerichts.[136] Nach Abschluss des Verfahrens vor dem Bundesgerichtshof beantragte der Beschwerdeführer den Aufschub der Strafvollstreckung gem. § 455 Abs. 3 StPO. Er machte unter Vorlage eines hausärztlichen Attestes geltend, gesundheitlich erheblich eingeschränkt zu sein, wobei zusätzlich auf Veranlassung der Staatsanwaltschaft Hannover eine amtsärztliche Stellungnahme und ein psychiatrisches Gutachten vorlagen.[137] Die Staatsanwaltschaft befand den Beschwerdeführer für haftfähig und lehnte den Antrag ab.[138] Vorausgesetzt sei aber eine entsprechende medizinische und pflegerische Betreuung im Gefängnis.[139]

Den daraufhin gestellten Antrag auf gerichtliche Entscheidung gem. § 458 Abs. 2 StPO wies das Landgericht zurück. Die gegen diese Entscheidung des Landgerichts gerichtete sofortige Beschwerde wurde vom Oberlandesgericht

---

134 Walther, in: BeckOK-Strafvollzugsrecht Bund, 15. Edition 2019, § 455 StPO Rdn. 10.

135 LG Lüneburg, Urteil vom 15.07.2015 – 27 Ks 1191 Js 98402/13 (9/14) (mitgeteilt bei: NJW 2017, 498 ff., BeckRS 2017, 136555).

136 BGH, Beschluss vom 20.9.2016 – 3 StR 49/16 = NJW 2017, 498, BeckRS 2016, 9234.

137 Siehe Bertlings, Nichtannahmebeschluss: Vollstreckung einer Freiheitsstrafe gegen einen 96-Jährigen mit dessen Recht auf Leben und körperliche Unversehrtheit (Art. 2 Abs. 2 Satz 1 GG) vereinbar, in: jurisPR-StrafR 6/2018 Anm. 3.

138 Vgl. Bertlings, Nichtannahmebeschluss: Vollstreckung einer Freiheitsstrafe gegen einen 96-Jährigen mit dessen Recht auf Leben und körperliche Unversehrtheit (Art. 2 Abs. 2 Satz 1 GG) vereinbar, in: jurisPR-StrafR 6/2018 Anm. 3.

139 becklink 2007443.

Celle verworfen.[140] Das Oberlandesgericht führt aus, dass der Verurteilte trotz seines hohen Alters vollzugstauglich sei. Die Aufnahme in den Strafvollzug verstoße nicht gegen Grundrechte. Bei Abwägung der Rechte des Verurteilten mit dem Prinzip der Rechtsstaatlichkeit überwiege letzteres. Es bestehe die Pflicht des Staates, die Sicherheit seiner Bürger und deren Vertrauen in die Funktionsfähigkeit staatlicher Institutionen zu schützen und die Gleichbehandlung aller in Strafverfahren rechtskräftig Verurteilten zu gewährleisten. Den besonderen Bedürfnissen des Verurteilten aufgrund seines hohen Alters könne durch entsprechende Vorsorge im Vollzug Rechnung getragen werden.[141]

Die gegen die ablehnende Entscheidung zum Strafaufschub gerichtete Verfassungsbeschwerde wurde nicht zur Entscheidung angenommen.[142] Es sei verfassungsrechtlich nicht zu beanstanden, wenn man für den Aufschub der Vollstreckung einer Freiheitsstrafe gem. § 455 StPO in Anbetracht der (besonderen) Schwere des dem Betroffenen gemachten Schuldvorwurfs und des daraus resultierenden erheblichen Interesses an der Durchsetzung des staatlichen Strafanspruchs eine hohe Wahrscheinlichkeit für eine haftbedingte Lebensgefährdung bzw. naheliegende Gefahr des Todes fordere. Im Rahmen einer Entscheidung nach § 455 StPO ist zwischen der Durchsetzung des Strafanspruchs des Staates und den Individualrechten des Verurteilten abzuwägen.[143]

2. *Möglichkeit der Haftverkürzung*

Neben der Möglichkeit, die Strafe auszusetzen oder zu unterbrechen, besteht die Möglichkeit, die Strafhaft eines lebensälteren Inhaftierten zu verkürzen. Eine Haftverkürzung kann dadurch erreicht werden, dass ein Teil der verhängten Freiheitsstrafe zur Bewährung ausgesetzt wird.

Grundsätzlich kennt das Gesetz zwei Möglichkeiten, eine Strafe zur Bewährung auszusetzen. Zunächst ist in § 56 StGB die Möglichkeit normiert, die gesamte verhängte zeitige Freiheitsstrafe zur Bewährung auszusetzen. Auf die Strafdurchführung wird also vorerst verzichtet. Daneben kennt das Gesetz die Möglichkeit, dass, wenn bereits ein Teil der Freiheitsstrafe verbüßt wurde, der

140 OLG Celle, Beschluss vom 7.11.2016 – 3 Ws 491/17 (mitgeteilt bei http://www.juris.de/perma?d=KVRE423371701, letzter Aufruf 30.03.2019).

141 becklink 2008471.

142 BVerfG, Beschluss vom 21.12.2017 – 2 BvR 2772/17 = NJW 2018, S. 289, BeckRS 2017, 136555.

143 BVerfG, Beschluss vom 21.12.2017 – 2 BvR 2772/17 = NJW 2018, S. 289, BeckRS 2017, 136555; Schmitt, in: Meyer-Goßner/Schmitt, StPO, 62. Aufl. 2019, § 455 StPO Rdn. 1.

Strafrest zur Bewährung ausgesetzt werden kann. In diesem Fall spricht man von vorzeitiger oder auch bedingter Entlassung aus dem Strafvollzug. Faktisch wird in solchen Fällen der Reststrafenaussetzung die Haftzeit verkürzt. Geregelt ist diese vorzeitige Haftentlassung in den §§ 57 ff. StGB.

Sowohl bei einer Entscheidung gem. § 56 StGB wie auch bei einer Entscheidung nach §§ 57 ff. StGB wird ein hohes Alter des Verurteilten allein nicht für die (Rest-)Aussetzung zur Bewährung ausreichen, kann aber bei der Gesamtgewichtung mit anderen für den Betreffenden sprechenden Umständen möglicherweise den Ausschlag für eine letztendlich positive Entscheidung geben.[144] Gem. § 56 Abs. 1 S. 2 StGB und § 57 Abs. 1 S. 2 StGB sind bei einer entsprechenden Prognoseentscheidung unter anderem die Persönlichkeit des Verurteilten, seine Lebensverhältnisse und die Wirkungen zu berücksichtigen, die von der Aussetzung für ihn zu erwarten sind.

Dass sich ein höheres Lebensalter nicht zwingend positiv auf die im Rahmen der Entscheidung nach § 57 StGB vorzunehmende Kriminalprognose auszuwirken braucht, zeigt eine Entscheidung des Oberlandesgerichts Karlsruhe aus dem Jahr 2014.[145] Das Oberlandesgericht weist die Beschwerde eines zum Entscheidungszeitpunkt 77-Jährigen gegen die Versagung einer vorzeitigen Haftentlassung gem. § 57a StGB als unbegründet zurück. In den Gründen wird ausgeführt, dass von dem Verurteilten im Falle einer bedingten Entlassung aus der Strafhaft trotz seines fortgeschrittenen Alters mit hoher Wahrscheinlichkeit die Begehung von schweren Gewaltdelikten oder ähnlich schwerwiegenden Straftaten zu erwarten war.

3. *Möglichkeit der Entlassung im Gnadenwege*

Das Gnadenverfahren[146] bietet Möglichkeiten, auf Einzelfälle flexibel und angemessen zu reagieren. Man unterscheidet die Begnadigung (Verzicht des Staates auf die Vollstreckung einer rechtskräftig verhängten Strafe) und die Niederschlagung (Beendigung eines schwebenden, noch nicht durch rechtskräftiges Urteil abgeschlossenen Verfahrens oder die Anordnung, dass das Strafverfahren

144 Groß, in: MüKo-StGB, 3. Aufl. 2016, § 57 StGB Rdn. 27; anders: Walter, Halbstrafenaussetzung – ein ungenutztes Institut zur Verringerung des Freiheitsentzugs, in: NStZ 1989, S. 413.

145 OLG Karlsruhe, Beschluss vom 28.03.2014 – 1 Ws 12/13 L = BeckRS 2014, 6706.

146 Zum Gnadenrecht siehe Birkhoff/Lemke, Gnadenrecht, 2012; Kaiser/Schöch, Strafvollzug, 5. Aufl. 2002, S. 386 ff.

überhaupt nicht eingeleitet werden soll).[147] Durch die Begnadigung können rechtskräftige, noch bestehende Rechtsnachteile im Einzelfall gemildert oder aufgehoben werden.[148]

Die Zuständigkeit für die Begnadigung ist in § 452 StPO gesetzlich geregelt. In besonderen Völkerstraf- und Staatsschutzsachen liegt die Zuständigkeit beim Bund, genauer gesagt beim Bundespräsidenten, vgl. § 452 S. 1 StPO i. V. m. Art. 60 Abs. 2 GG und § 120 Abs. 6 GVG i. V. m. Art. 96 Abs. 5 GG. Der Bundespräsident kann das Gnadenrecht gem. Art. 60 Abs. 3 GG auf andere Behörden übertagen. In allen anderen Fällen steht das Gnadenrecht den Ländern zu, § 452 S. 2 StPO. In den einzelnen Bundesländern ist durch Rechtsverordnung geregelt, wer die Zuständigkeit ausübt. In den meisten Fällen sind das die Ministerpräsidenten oder die Senate, wobei auch hier eine Übertragung auf nachgeordnete Behörden möglich ist. In Bayern bspw. liegt die Zuständigkeit für die Ausübung des Gnadenrechts gem. Art. 47 Abs. 4 BV beim Ministerpräsidenten.

Gnade ergeht vor Recht, jedoch sollen Gnadenerweise im Rechtsstaat nur subsidiär Anwendung finden und es darf keine allgemeine Praxis herbeigeführt werden, welche im Widerspruch zu geltendem Recht steht.[149] Deshalb ist die Anwendung des Gnadenverfahrens im Hinblick auf alte Inhaftierte zwar grundsätzlich denkbar; gegen eine generelle Gewährung von Gnadenerweisen spricht jedoch der Umstand, dass die Anzahl alter Menschen im Freiheitsstrafenvollzug stetig zunimmt und dass das Gnadenverfahren Einzelfällen vorbehalten bleiben soll.

VI. Exkurs: Altersstrafrecht

Um den bei Altersstraftätern auftretenden Besonderheiten gerecht zu werden, wird mitunter die Einführung eines Altersstrafrechts diskutiert.[150] In Betracht käme etwa die Schaffung sog. Altersgerichte oder die Einführung einer dem § 3 JGG vergleichbaren Regelung zur strafrechtlichen Verantwortlichkeit Lebensälterer. Denkbar wären auch besondere, nur für Lebensältere geltende strafverfahrens- und strafvollstreckungsrechtliche Vorschriften.

---

147 Kaiser/Schöch, Strafvollzug, 5. Aufl. 2002, S. 387; Schmitt, in: Meyer-Goßner/Schmitt, StPO, 62. Aufl. 2019, § 452 StPO Rdn. 1.

148 Ganter, in: BeckOK-Strafvollzugsrecht Bund, 15. Edition 2019, § 452 StPO Rdn. 1.

149 Laubenthal, Strafvollzug, 8. Aufl. 2019, Rdn. 662, 855.

150 Vgl. dazu bspw. Fliedner, Altwerden in Unfreiheit, 1994 S. 66 ff.; Körner, Sexualkriminalität im Alter, 1977, S. 192 ff.

Gegen die Schaffung eines speziellen Altersstrafrechts sprechen verschiedene Aspekte. Zum einen begegnet einem auch in diesem Zusammenhang das Problem der Festlegung einer konkreten Altersgrenze, sodass sich der Anwendungsbereich altersstrafrechtlicher Regelungen nur schwerlich festsetzen lässt. Auch eine dem § 3 JGG vergleichbare Bestimmung würde zumindest eine Mindestaltersgrenze voraussetzen. Zusätzlich problematisch ist die mit der Einführung eines Sonderstrafrechts für Alte einhergehende Herabsetzung und Pathologisierung des Alters. Ein spezielles Altersstrafrecht würde die Lebensphase des Alters zusätzlich negativ besetzen und außerdem alte Menschen unter eine Art Generalverdacht bezogen auf geistige und körperliche Defizite stellen. Zudem besteht bei Schaffung eines eigenen Altersstrafrechts die Gefahr, kriminelles Verhalten alter Menschen generell zu entschuldigen. Bei Schaffung eines eigenen Altersstrafrechts reduziert sich außerdem der Anwendungsbereich des allgemeinen Strafrechts, sodass dieses zunehmend ausgehöhlt werden würde.

Ohnehin fehlt es an der Notwendigkeit eines besonderen Altersstrafrechts, da die bestehenden gesetzlichen Regelungen der gerichtlichen Praxis ausreichende Möglichkeiten bieten, altersbedingte Abbauprozesse angemessen zu berücksichtigen.

D. Alte Menschen, Strafe und Strafzwecktheorien

I. Allgemeines

Um näher auf den Sinn und Zweck der Strafe eingehen zu können, muss zunächst das Wesen der Strafe dargestellt werden. Das deutsche Sanktionensystem zeichnet sich durch seine Zweispurigkeit aus, indem es zwischen Strafen und Maßregeln der Besserung und Sicherung unterscheidet.[151] Strafen sind an die Feststellung der Schuld des Täters gebunden, Maßregeln der Besserung und Sicherung sind von der Schuld unabhängig und knüpfen stattdessen an die Gefährlichkeit des Täters an.[152] Das Recht zu strafen ist dem Staat vorbehalten. Hierbei handelt es sich um eine Ausprägung des staatlichen Gewaltmonopols.[153] Strafe dient vorrangig dazu, die Schuld des Täters auszugleichen, vgl. § 46 Abs. 1

---

151 Fischer, StGB, 65. Aufl. 2018, Vor § 61 StGB Rdn. 1; Wessels/Beulke/Satzger, Strafrecht Allgemeiner Teil, 48. Aufl. 2018, S. 6; Zieschang, Strafrecht Allgemeiner Teil, 5. Aufl. 2017, Rdn. 7.

152 Fischer, StGB, 65. Aufl. 2018, Vor § 61 StGB Rdn. 1; Kinzig, in: Schönke/Schröder, Strafgesetzbuch, 30. Aufl. 2019, Vorbemerkungen zu den §§ 38 ff. Rdn. 22; Wessels/Beulke/Satzger, Strafrecht Allgemeiner Teil, 48. Aufl. 2018, S. 6.

153 Fischer, in: KK-StPO, 8. Aufl. 2019, Einl. Rdn. 1.

S. 1 StGB. Schuldausgleich als repressiver Strafzweck ist jedoch nicht der einzige Sinn und Zweck von Strafe. Im deutschen Strafrecht finden sich darüber hinaus Ausprägungen anderer – präventiver – Strafzwecke.

Man unterscheidet bei den Strafzwecktheorien[154] zwischen zwei großen Gruppen, den absoluten und den relativen Strafzwecktheorien.[155] Die absoluten Strafzwecktheorien zielen auf Repression ab und lassen sich in die Vergeltungs- und die Sühnetheorie unterteilen.[156] Die Vergeltungstheorie rechtfertigt Strafe damit, dass die Schuld des Täters abgegolten wird, indem ihm ein gleichwertiges Übel auferlegt wird. Nach der Sühnetheorie dient Strafe der Aussöhnung des Täters mit der Gesellschaft. Die relativen Strafzwecktheorien sehen den Sinn und Zweck von Strafe in Prävention.[157] Je nachdem, ob der Präventionsgedanke auf die Allgemeinheit oder auf den Einzelnen bezogen ist, handelt es sich um General- oder um Spezialprävention. Nach der negativen Generalprävention bezweckt Strafe, die Allgemeinheit von der Begehung vergleichbarer Straftaten abzuschrecken, nach der positiven Generalprävention bezweckt Strafe, das Vertrauen der Allgemeinheit in die Rechtsordnung zu stärken. Spezialprävention – also bezogen auf den Täter selbst – kann negativ ausgerichtet sein. Dann ist der Sinn von Strafe darin zu sehen, durch das Einsperren des Täters die Gesellschaft vor weiteren Taten zu schützen. Umgekehrt mag die Spezialprävention positiv ausgerichtet sein. Dann besteht der Sinn und Zweck von Strafe darin, den Täter zu bessern und ihn durch Strafe dazu zu befähigen, in Zukunft ein Leben ohne Straftaten zu führen.

Sofern Menschen in hohem Lebensalter straffällig werden, ist zu überdenken, inwieweit die Verhängung von Strafe nach den genannten Strafzwecktheorien gerechtfertigt werden kann.

---

154 Siehe dazu Roxin, Strafrecht Allgemeiner Teil, Band I, 4. Aufl. 2006, S. 64 ff.; Hörnle, Straftheorien, 2. Aufl. 2017.

155 Bock, Kriminologie, 5. Aufl. 2019, Rdn. 10; Kinzig, in: Schönke/Schröder, Strafgesetzbuch, 30. Aufl. 2019, Vorbemerkungen zu den §§ 38 ff. Rdn. 2; Rengier, Strafrecht Allgemeiner Teil, 10. Aufl. 2018, S. 10 ff.; Wessels/Beulke/Satzger, Strafrecht Allgemeiner Teil, 48. Aufl. 2018, S. 7.

156 Kinzig, in: Schönke/Schröder, Strafgesetzbuch, 30. Aufl. 2019, Vorbemerkungen zu den §§ 38 ff. Rdn. 2; Rengier, Strafrecht Allgemeiner Teil, 10. Aufl. 2018, S. 10 f.; Wessels/Beulke/Satzger, Strafrecht Allgemeiner Teil, 48. Aufl. 2018, S. 7.

157 Kinzig, in: Schönke/Schröder, Strafgesetzbuch, 30. Aufl. 2019, Vorbemerkungen zu den §§ 38 ff. Rdn. 2; Rengier, Strafrecht Allgemeiner Teil, 10. Aufl. 2018, S. 11 f.; Wessels/Beulke/Satzger, Strafrecht Allgemeiner Teil, 48. Aufl. 2018, S. 8.

II. Das Alter und die absoluten Strafzwecktheorien

Nach den repressiv wirkenden (absoluten) Strafzwecktheorien kann das Strafmaß unabhängig vom Lebensalter verhängt werden, da es für das Strafmaß ausschließlich auf das Ausmaß der Schuld ankommt.[158] Insofern lässt sich sowohl die Vergeltungstheorie wie auch die Sühnetheorie heranziehen, um die Bestrafung eines alten Menschen zu legitimieren.

III. Das Alter und die relativen Strafzwecktheorien

Hinsichtlich der relativen Strafzwecktheorien ist im Gegensatz dazu zu diskutieren, ob auch diese bei alten Menschen eine Freiheitsstrafe rechtfertigen können.

1. Generalpräventive Gesichtspunkte im Hinblick auf alte Straftäter

Im Hinblick auf generalpräventive Strafzwecke bleibt zu überdenken, ob die Verurteilung eines alten Menschen zu einer Freiheitsstrafe tatsächlich erforderlich und dienlich ist, um das Vertrauen der Bevölkerung in die Rechtsordnung zu stärken (positive Generalprävention) bzw. um die Allgemeinheit von einer Tatbegehung abzuschrecken (negative Generalprävention).[159] Strafe auch gegenüber Lebensälteren zu verhängen trägt durchaus dazu bei, das Vertrauen der Bevölkerung in die Rechtsordnung und in eine funktionierende Strafrechtspflege zu bestärken bzw. aufrechtzuerhalten. Es wird gerade nicht der Eindruck vermittelt, dass sich alte Menschen in einem rechtsfreien Raum aufhalten und tun und lassen können, was sie wollen. Dies trägt wiederum dazu bei, dass andere davon abgehalten werden, im Alter strafrechtlich in Erscheinung zu treten. Würde man bei alten Menschen allein aufgrund des Alters auf Strafe verzichten, würde das auf andere möglicherweise motivierend wirken, im Alter selbst straffällig zu werden. Insgesamt betrachtet lässt sich also Bestrafung alter Straftäter über generalpräventive Aspekte rechtfertigen.

2. Spezialpräventive Gesichtspunkte im Hinblick auf alte Straftäter

Der Inhalt der negativen Spezialprävention – die Gesellschaft durch Einsperren des Täters vor weiteren Straftaten zu schützen – findet sich auch in den Vollzugsgesetzen wieder. Die Aufgabe, die Allgemeinheit zu sichern, ist in § 2 S. 2 StVollzG, § 2 Abs. 1 S. 1 JVollzGB I BW, Art. 2 S. 1 BayStVollzG, § 2 S. 2 StVollzG

158 Vgl. auch Beck, Alter schützt vor Strafe?, in: HRRS 2010, S. 159.
159 Vgl. Beck, Alter schützt vor Strafe?, in: HRRS 2010, S. 159.

Bln, § 2 S. 2 BbgJVollzG, § 2 S. 2 BremStVollzG, § 2 S. 2 HmbStVollzG, § 2 Abs. 2 S. 2 u. 3 HStVollzG, § 2 S. 2 StVollzG M-V, § 5 S. 2 NJVollzG, § 6 Abs. 1 StVollzG NRW, § 2 S. 2 LJVollzG RLP, § 2 S. 2 SLStVollzG, § 2 S. 2 SächsStVollzG, § 2 Abs. 1 S. 2 JVollzGB LSA, § 5 Abs. 1 LStVollzG SH, § 2 Abs. 1 S. 2 ThürJVollzGB gesetzlich normiert. Ob sich eine Bestrafung mit Hilfe der negativen Spezialprävention rechtfertigen lässt, hängt immer von den Umständen des Einzelfalles ab, wobei insbesondere auch die körperliche Verfassung des Straftäters und dessen Vorstrafen eine Rolle spielen können. Insofern ist die Bestrafung eines alten Straftäters unter Umständen aus Gründen der negativen Spezialprävention abzulehnen, wenn die Taten lange zurückliegen und der Täter zwischenzeitlich keine Gefahr mehr für die Allgemeinheit darstellt.[160] Auch bei alten Ersttätern wird eine Bestrafung aus negativ spezialpräventiven Gesichtspunkten eher nicht in Betracht kommen, da bei jemandem, der erstmals im Alter straffällig wird, nicht zwangsläufig von einer Wiederholungsgefahr ausgegangen werden kann, sodass insoweit eher keine Gefahr für die Allgemeinheit besteht. Hier muss also besonderes Augenmerk auf die Umstände des Einzelfalles gelegt werden, um die Frage zu beantworten, ob sich eine Bestrafung aus Gründen der negativen Spezialprävention rechtfertigen lässt.

Der positiv spezialpräventive Ansatz, den Täter zu bessern und ihn zu einem künftigen Leben ohne Straftaten zu befähigen, spielt im Hinblick auf den Strafvollzug eine besondere Rolle. Die Resozialisierung ist als Vollzugsziel bzw. -aufgabe im Bundes- wie auch in den Landesstrafvollzugsgesetzen gesetzlich festgeschrieben. § 2 S. 1 StVollzG, § 1 JVollzGB III BW, Art. 2 S. 2 BayStVollzG, § 2 S. 1 StVollzG Bln, § 2 S. 1 BbgJVollzG, § 2 S. 1 BremStVollzG, § 2 S. 1 HmbStVollzG, § 2 Abs. 1 HStVollzG, § 2 S. 1 StVollzG M-V, § 5 S. 1 NJVollzG, § 1 StVollzG NRW, § 2 S. 1 LJVollzG RLP, § 2 S. 1 SLStVollzG, § 2 S. 1 SächsStVollzG, § 2 Abs. 1 S. 1 JVollzGB LSA, § 2 LStVollzG SH, § 2 Abs. 1 S. 1 ThürJVollzGB geben vor, dass der Gefangene im Vollzug der Freiheitsstrafe fähig werden soll, künftig in sozialer Verantwortung ein Leben ohne Straftaten zu führen. Diese Vorgabe der Resozialisierung gründet verfassungsrechtlich zum einen auf der Garantie der Menschenwürde (Art. 1 i. V. m. Art. 2 Abs. 1 GG) und zum anderen auf dem Sozialstaatsprinzip (Art. 20 Abs. 1 und Art. 28 Abs. 1 GG).[161] Sie gilt für alle Inhaftierten gleichermaßen unabhängig von ihrem jeweiligen Lebensalter. Ob sich eine Bestrafung unter dem Gesichtspunkt der positiven Spezialprävention herleiten lässt, hängt auch wiederum von den Umständen des Einzelfalles

---

160 Vgl. Beck, Alter schützt vor Strafe?, in: HRRS 2010, S. 159.

161 Laubenthal, Strafvollzug, 8. Aufl. 2019, Rdn. 145.

ab, wobei erneut insbesondere den Straftäter betreffende Gesichtspunkte zu berücksichtigen sind. Handelt es sich bspw. um einen Täter, der im Alter zum ersten Mal straffällig wurde, liegt die Annahme nahe, dass die Kriminalität eher aus einer akuten Problemsituation heraus resultiert als aus einer sozialen oder psychologischen Fehlentwicklung, was ein Bemühen um Resozialisierung weniger notwendig erscheinen lässt.[162] Daneben ist fraglich, ob die bestehenden vollzuglichen Wiedereingliederungskonzepte auch auf alte Gefangene passen. Bei ihnen stellt sich das besondere Problem, dass selbst zeitige Freiheitsstrafen angesichts der unter Umständen knappen verbleibenden Lebenszeit faktisch einer Lebenszeitstrafe gleichkommen.[163] Ob also eine Bestrafung zum Zwecke der Resozialisierung in Betracht kommt, ist zum einen davon abhängig, ob überhaupt ein Resozialisierungsbedürfnis besteht, und zum anderen davon, ob der Strafvollzug diesem Resozialisierungsbedürfnis gerecht werden kann.

---

162 So auch Laue, Strukturen der Alterskriminalität, in: FPPK 2009, S. 180.

163 Laubenthal, Strafvollzug an älteren Menschen, in: Kunz/Gertz, Straffälligkeit älterer Menschen, 2015, S. 135.

Teil III: Alte Menschen im Strafvollzug

A. Allgemeines

Der Anteil alter Gefangener im Strafvollzug stieg in den letzten Jahren so erheblich an, dass es sich bei den Verurteilten im Alter von 60 Jahren und mehr um die am schnellsten wachsende Gruppe im Strafvollzug handelt.[164]

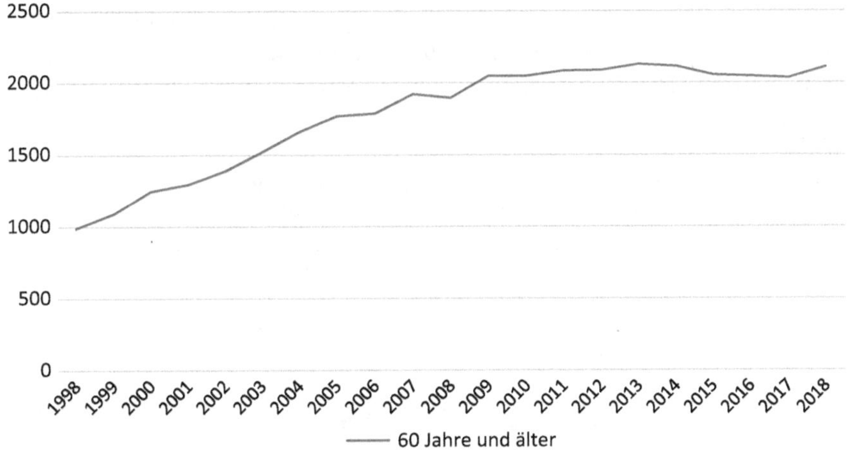

Abbildung 1: Entwicklung der Anzahl älterer Strafgefangener im Vollzug der Freiheitsstrafe

Quelle: Statistisches Bundesamt, Fachserie 10, Reihe 4.1, 1998–2018.

In den vergangenen zwanzig Jahren hat sich deren prozentualer Anteil mehr als verdoppelt. Während im Jahr 1998 noch 1,97% der Strafgefangenen im Vollzug der Freiheitsstrafe 60 Jahre und älter waren, kam es bis 2008 bereits zu einem Anstieg auf 3,42% und bis 2018 sogar auf 4,51%. Im Gegensatz dazu sind die prozentualen Anteile anderer Altersgruppen eher gleichgeblieben. Die Quote der 21–25-Jährigen liegt beispielsweise durchgehend bei etwa 10% und diejenige der 30–50-Jährigen ca. bei 55%.[165]

---

164 Cornel, in: Cornel/Kawamura-Reindl/Sonnen, Resozialisierung, 4. Aufl. 2018, S. 316.

165 Vgl. Statistisches Bundesamt, Fachserie 10, Reihe 4.1, 1998, S. 8; 2008, S. 16, 2018, S. 15.

Hinsichtlich der inhaftierten Senioren lassen sich im Wesentlichen zwei Gruppen unterscheiden: diejenigen, die im fortgeschrittenen Lebensalter erstmals straffällig und inhaftiert werden, und diejenigen, welche bereits in jüngeren Jahren eine lange Freiheitsstrafe anzutreten haben und die aufgrund dessen im Vollzug gealtert sind.

I. Strafgefangene ab 60 Jahre im Vollzug der Freiheitsstrafe nach Geschlecht, Wohnsitz, Staatsangehörigkeit und Familienstand

Von den 2 104 am 31.03.2018 eine Freiheitsstrafe verbüßenden Strafgefangenen ab 60 Jahren waren 93,3% männlichen und 6,7% weiblichen Geschlechts. 94,3% hatten einen festen Wohnsitz und 84,9% besaßen die deutsche Staatsbürgerschaft. Von den alten Inhaftierten waren 24,1% ledig, 28,6% verheiratet, 9,3% verwitwet und 37,9% geschieden.[166]

Tabelle 12: Strafgefangene ab 60 Jahre im Vollzug der Freiheitsstrafe am 31.03.2018 nach Geschlecht, Wohnsitz, Staatsangehörigkeit und Familienstand

			Wohnsitz		Staatsangehörigkeit		Familienstand			
Insgesamt	**Männer**	**Frauen**	**Fester Wohnsitz**	**Kein fester Wohnsitz/ keine Angabe**	**Deutsche**	**Ausländer/ Staatenloser**	**Ledig**	**Verheiratet**	**Verwitwet**	**Geschieden**
2 104 (100%)	1 963 (93,30%)	141 (6,70%)	1 983 (94,25%)	121 (5,75%)	1 786 (84,89%)	318 (15,11%)	508 (24,14%)	602 (28,61%)	196 (9,32%)	798 (37,93%)

Quelle: Statistisches Bundesamt, Fachserie 10, Reihe 4.1, 2018, S. 13 f.

II. Strafgefangene ab 60 Jahre im Vollzug der Freiheitsstrafe nach ihrer voraussichtlichen Vollzugsdauer

Bezogen auf ihre voraussichtliche Vollzugsdauer stellen die inhaftierten Personen ab 60 Jahre eine gemischte Gruppe dar, bei deren Großteil sich die voraussichtliche Vollzugsdauer auf mehr als zwei bis einschließlich fünf Jahre (27,19%) oder auf lebenslang (16,30%) beläuft.[167]

166 Vgl. Statistisches Bundesamt, Fachserie 10, Reihe 4.1, 2018, S. 13 f.
167 Vgl. Statistisches Bundesamt, Fachserie 10, Reihe 4.1, 2018, S. 15 f.

Tabelle 13: Strafgefangene ab 60 Jahre im Vollzug der Freiheitsstrafe am 31.03.2018 nach der voraussichtlichen Vollzugsdauer

Unter 1 Monat	1 Monat bis unter 3 Monate	3 Monate bis unter 6 Monate	6 Monate bis einschl. 9 Monate	Mehr als 9 Monate bis einschl. 1 Jahr	Mehr als 1 Jahr bis einschl. 2 Jahre	Mehr als 2 Jahre bis einschl. 5 Jahre	Mehr als 5 Jahre bis einschl. 10 Jahre	Mehr als 10 Jahre bis einschl. 15 Jahre	Lebenslang	Unbestimmte Dauer
27 (1,28%)	159 (7,56%)	227 (10,79%)	113 (5,37%)	104 (4,94%)	244 (11,60%)	572 (27,19%)	254 (12,07%)	61 (2,90%)	343 (16,30%)	---

Quelle: Statistisches Bundesamt, Fachserie 10, Reihe 4.1, 2018, S. 15 f.

III. Strafgefangene ab 60 Jahre im Vollzug der Freiheitsstrafe nach Art der Straftat

Die alten Gefangenen unterscheiden sich auch im Hinblick auf die Anlasstaten, derentwegen sie eine Freiheitsstrafe zu verbüßen haben. Das Deliktsspektrum, das zum Freiheitsstrafenvollzug geführt hat, ist jedoch relativ begrenzt. Im Jahr 2018 befinden sich die meisten alten Gefangenen wegen Straftaten gegen das Leben gem. § 211 bis § 222 StGB im Freiheitsstrafenvollzug. Prozentual beträgt ihr Anteil an den eine Freiheitsstrafe verbüßenden alten Gefangenen 23,43%. Daneben handelt es sich insbesondere bei Betrug und Untreue gem. § 263 bis § 266b (16,92%), bei Straftaten gegen die sexuelle Selbstbestimmung gem. § 174 bis § 184j StGB (13,69%) sowie bei Diebstahl und Unterschlagung gem. § 242 bis § 248c StGB (12,21%) um Straftatengruppen, welche bei alten Gefangenen zu ihrer Freiheitsstrafe geführt haben.

Tabelle 14: Strafgefangene ab 60 Jahre im Vollzug der Freiheitsstrafe am 31.03.2018 nach Art der Straftat

Art der Straftat	**Anzahl derjenigen, die 60 Jahre oder älter sind**	
	Absolut	**Prozentual**
Straftaten insgesamt	2 104	100%
1. Abschnitt StGB: §§ 80a bis 92b: Friedensverrat, Hochverrat und Gefährdung des demokratischen Rechtsstaates	2	0,10%
2. Abschnitt StGB: §§ 93 bis 101a: Landesverrat und Gefährdung der äußeren Sicherheit	0	0,00%
3. Abschnitt StGB: §§ 102, 104a: Straftaten gegen ausländische Staaten	0	0,00%
4. Abschnitt StGB: §§ 105 bis 108e: Straftaten gegen Verfassungsorgane sowie bei Wahlen und Abstimmungen	0	0,00%
5. Abschnitt StGB: §§ 109 bis 109k: Straftaten gegen die Landesverteidigung	0	0,00%
6. Abschnitt StGB: §§ 111 bis 121: Widerstand gegen die Staatsgewalt	7	0,33%
7. Abschnitt StGB: §§ 123 bis 145d: Straftaten gegen die öffentliche Ordnung	27	1,28%
8. Abschnitt StGB: §§ 146 bis 152b: Geld- und Wertzeichenfälschung	3	0,14%
9. Abschnitt StGB: §§ 153 bis 162: Falsche uneidliche Aussage und Meineid	2	0,10%
10. Abschnitt StGB: §§ 164 und 165: Falsche Verdächtigung	4	0,19%
11. Abschnitt StGB: §§ 166 bis 168: Straftaten, welche sich auf Religion und Weltanschauung beziehen	0	0,00%
12. Abschnitt StGB: §§ 169 bis 173: Straftaten gegen den Personenstand, die Ehe und die Familie	2	0,10%
13. Abschnitt StGB: §§ 174 bis 184j: Straftaten gegen die sexuelle Selbstbestimmung	288	13,69%
14. Abschnitt StGB: §§ 185 bis 200: Beleidigung	28	1,33%
15. Abschnitt StGB: §§ 201 bis 206: Verletzung des persönlichen Lebens- und Geheimbereichs	1	0,05%
16. Abschnitt StGB: §§ 211 bis 222: Straftaten gegen das Leben	493	23,43%
17. Abschnitt StGB: §§ 223 bis 231: Straftaten gegen die körperliche Unversehrtheit	100	4,75%
18. Abschnitt StGB: §§ 232 bis 241a: Straftaten gegen die persönliche Freiheit	30	1,43%

Tabelle 14: Fortsetzung

Art der Straftat	**Anzahl derjenigen, die 60 Jahre oder älter sind**	
19. Abschnitt StGB: §§ 242 bis 248c: Diebstahl und Unterschlagung	257	12,21%
20. Abschnitt StGB: §§ 249 bis 256: Raub und Erpressung	85	4,04%
21. Abschnitt StGB: §§ 257 bis 262: Begünstigung und Hehlerei	8	0,38%
22. Abschnitt StGB: §§ 263 bis 266b: Betrug und Untreue	356	16,92%
23. Abschnitt StGB: §§ 267 bis 282: Urkundenfälschung	43	2,04%
24. Abschnitt StGB: §§ 283 bis 283d: Insolvenzstraftaten	6	0,29%
25. Abschnitt StGB: §§ 284 bis 297: Strafbarer Eigennutz	0	0,00%
26. Abschnitt StGB §§ 298 bis 302: Straftaten gegen den Wettbewerb	1	0,05%
27. Abschnitt StGB: §§ 303 bis 305a: Sachbeschädigung	5	0,24%
28. Abschnitt StGB: §§ 306 bis 323c: Gemeingefährliche Straftaten	58	2,76%
29. Abschnitt StGB: §§ 324 bis 330d: Straftaten gegen die Umwelt	0	0,00%
30. Abschnitt StGB: §§ 331 bis 358: Straftaten im Amt	6	0,29%
Völkerstrafgesetzbuch insgesamt (VStGB)	1	0,05%
Wehrstrafgesetz insgesamt (WStG)	0	0,00%
Betäubungsmittelgesetz insgesamt (BtMG)	162	7,70%
Aktiengesetz insgesamt (AktG)	0	0,00%
Aufenthaltsgesetz insgesamt (AufenthG)	2	0,10%
Handelsgesetzbuch insgesamt (HGB)	0	0,00%
Lebensmittel- und Futtermittelgesetzbuch insgesamt (LFGB)	0	0,00%
Luftverkehrsgesetz insgesamt (LuftVG)	0	0,00%
Straßenverkehrsgesetz insgesamt (StVG)	54	2,57%
Straftaten nach anderen Bundesgesetzen, die hier nicht genannt sind	60	2,85%
Straftaten nach ausländischem Recht (nur möglich in Strafvollzugs- und Bewährungshilfestatistik)	0	0,00%
Landesgesetze	0	0,00%
ehem. DDR-Strafrecht	13	0,62%

Quelle: Statistisches Bundesamt, Strafgefangene und Sicherungsverwahrte nach der Straftat und nach der Art der Freiheitsentziehung, 2018[168]

168 Die Daten speziell für die Altersgruppe 60 Jahre und älter wurden der Verf. auf Nachfrage vom Statistischen Bundesamt mitgeteilt.

Betrachtet man die weiter oben erfolgten Ausführungen zur Kriminalitätsstruktur bezogen auf die registrierten Tatverdächtigen in der Polizeilichen Kriminalstatistik und die Verurteiltenzahlen des Statistischen Bundesamtes, ergeben sich Übereinstimmungen und Unterschiede. Es wurde festgestellt, dass alte Menschen im Jahr 2018 vor allem wegen Diebstahls ohne erschwerende Umstände, wegen Beleidigungsdelikten und wegen Betrugsdelikten tatverdächtig waren. Verurteilungen erfolgten im Jahr 2017 insbesondere wegen Diebstahls und Unterschlagung sowie wegen Betrugs und Untreue.[169] Insoweit ist es stimmig, dass ein großer Teil der im Freiheitsstrafenvollzug befindlichen Senioren wegen Diebstahls und Unterschlagung sowie wegen Betrugs und Untreue eine Freiheitsstrafe zu verbüßen hat.

Dass sich die Verurteilungen wegen Beleidigungsdelikten in Grenzen halten, wurde bereits damit erklärt, dass es bei Beleidigungsdelikten unter Umständen an dem nach § 194 Abs. 1 S. 1 StGB erforderlichen Strafantrag als Strafverfolgungsvoraussetzung fehlt oder dass eher wegen Geringfügigkeit gem. § 153 StPO bzw. unter Verweisung auf den Privatklageweg eingestellt wird als bei schwerwiegenderen Straftaten. Diese Aspekte können neben dem milden Strafrahmen und der mit § 47 Abs. 1 StGB intendierten Zurückhaltung bei der Verhängung kurzer Freiheitsstrafen ebenso herangezogen werden, um zu erklären, warum verhältnismäßig wenige alte Gefangene wegen Beleidigungsdelikten eine Freiheitsstrafe zu verbüßen haben (nur 28 alte Gefangene bzw. 1,33% der alten Gefangenen).

Klärungsbedarf besteht noch im Hinblick auf den relativ hohen Anteil der in Freiheitsstrafe untergebrachten Alten wegen Straftaten gegen das Leben und Straftaten gegen die sexuelle Selbstbestimmung. Unter die Straftaten gegen das Leben wie auch unter die Straftaten gegen die sexuelle Selbstbestimmung fallen gravierende Straftaten, welche erhebliche Rechtsfolgen nach sich ziehen können. Man denke an § 211 Abs. 1 StGB, der als einzige Rechtsfolge die lebenslange Freiheitsstrafe vorsieht, oder an den sexuellen Missbrauch von Kindern gem. § 176 Abs. 1 StGB, bei dem sich das Strafmaß auf sechs Monate bis zu zehn Jahren belaufen kann. Sofern eine alte Person wegen einer solch erheblichen Straftat verdächtig ist und im Anschluss wegen ebendieser verurteilt wird, ist die Wahrscheinlichkeit, dass sie zu einer Freiheitsstrafe verurteilt wird, wesentlich höher als bei weniger gewichtigen Straftaten.

---

169 Siehe dazu die Ausführungen zur Kriminalitätsstruktur in Teil II B. 2.

B. Gesetzliche Regelungen

Das Strafvollzugsrecht umfasst mit Ausnahme einiger vollstreckungsrechtlicher Vorschriften alle Rechtsnormen, die den stationären Vollzug freiheitsentziehender Kriminalsanktionen betreffen.[170]

Ursprünglich gehörte der Strafvollzug zum Bereich der konkurrierenden Gesetzgebung. Der Bund hatte mit dem Erlass des Bundes-Strafvollzugsgesetzes[171] von seiner Gesetzgebungskompetenz Gebrauch gemacht und die Materie des Strafvollzugs abschließend gesetzlich geregelt.[172]

Im Zuge der Föderalismusreform wurden im Jahr 2006 die Aufgaben des Strafvollzugs dem Kompetenzbereich der Länder zugeordnet.[173] Inzwischen haben alle 16 Bundesländer von ihrer Gesetzgebungskompetenz auf dem Gebiet des Erwachsenenstrafvollzugs Gebrauch gemacht und eigene Landes-Strafvollzugsgesetze erlassen.[174] Das Bundes-Strafvollzugsgesetz wird durch die Landes-Strafvollzugsgesetze nicht vollständig ersetzt, sondern es gelten bestimmte

---

170 Gerhold, in: BeckOK-Strafvollzugsrecht Bund, 15. Edition 2019, Einleitung zum Vollzugsrecht Rdn. 1; Laubenthal, Strafvollzug, 8. Aufl. 2019, Rdn. 9.

171 Gesetz über den Vollzug der Freiheitsstrafe und der freiheitsentziehenden Maßregeln der Besserung und Sicherung – Strafvollzugsgesetz (StVollzG) vom 16.03.1976 (BGBl. I S. 581, ber. S. 2088 und 1977 I S. 436).

172 Laubenthal, Strafvollzug, 8. Aufl. 2019, Rdn. 14.

173 Dazu Jünemann, Gesetzgebungskompetenz für den Strafvollzug im föderalen System der Bundesrepublik Deutschland, 2012; Laubenthal, Strafvollzug, 8. Aufl. 2019, Rdn. 131 ff.

174 Gesetzbuch über den Justizvollzug in Baden-Württemberg (Justizvollzugsgesetzbuch – JVollzGB) vom 10.11.2009 (GBl. BW S. 545); Gesetz über den Vollzug der Freiheitsstrafe und der Jugendstrafe (Bayerisches Strafvollzugsgesetz – BayStVollzG) vom 10.12.2007 (Bay. GVBl. S. 866); Gesetz über den Vollzug der Freiheitsstrafe in Berlin (Berliner Strafvollzugsgesetz – StVollzG Bln) vom 04.04.2016 (GVBl. Bln S. 152); Gesetz über den Vollzug der Freiheitsstrafe, der Jugendstrafe und der Untersuchungshaft im Land Brandenburg (Brandenburgisches Justizvollzugsgesetz – BbgJVollzG) vom 24.04.2013 (Bbg. GVBl. I Nr. 14); Bremisches Strafvollzugsgesetz (BremStVollzG) vom 25.11.2014 (Brem. GBl. S. 639); Gesetz über den Vollzug der Freiheitsstrafe (Hamburgisches Strafvollzugsgesetz – HmbStVollzG) vom 14.07.2009 (Hmb. GVBl. S. 257); Hessisches Strafvollzugsgesetz (HStVollzG) vom 28.6.2010 (Hess. GVBl. I S. 185); Gesetz über den Vollzug der Freiheitsstrafe in Mecklenburg-Vorpommern (Strafvollzugsgesetz Mecklenburg-Vorpommern – StVollzG M-V) vom 07.05.2013 (GVOBl. M-V S. 322); Niedersächsisches Justizvollzugsgesetz (NJVollzG) i. d. F. der Bekanntmachung vom 08.04.2014 (Nds. GVBl. S. 106); Gesetz zur Regelung des Vollzuges der Freiheitsstrafe in Nordrhein-Westfalen (Strafvollzugsgesetz Nordrhein-Westfalen – StVollzG NRW) vom 13.01.2015 (GV. NRW S. 76); Landesjustizvollzugsgesetz

Regelungsbereiche des Bundes-Strafvollzugsgesetzes gem. Art. 125a Abs. 1 GG als partikulares Bundesrecht fort, was unter anderem die Vorschriften über den gerichtlichen Rechtsschutz auf dem Gebiet des Erwachsenenvollzugs gem. der §§ 109 ff. StVollzG betrifft.[175] Die §§ 171 bis 175 des Bundes-Strafvollzugsgesetzes über den Vollzug der Zivilhaft gelten nach den landesvollzugsgesetzlichen Regelungen von Baden-Württemberg, Bayern, Berlin, Bremen, Hamburg, Hessen, Nordrhein-Westfalen, Rheinland-Pfalz, Saarland, Sachsen, Sachsen-Anhalt und Thüringen fort, vgl. § 113 JVollzGB III BW, Art. 208 BayStVollzG, § 117 Nr. 6 StVollzG Bln, § 128 S. 2 Nr. 4 BremStVollzG, § 130 Nr. 5 HmbStVollzG, § 83 Nr. 6 HStVollzG, § 110 Nr. 9 StVollzG NRW, Art. 4 Nr. 5 Rheinland-pfälzisches Landesgesetz zur Weiterentwicklung von Justizvollzug, Sicherungsverwahrung und Datenschutz, § 118 S. 2 Nr. 4 SLStVollzG, § 111 S. 2 Nr. 4 SächsStVollzG, § 166 Nr. 5 JVollzGB LSA, § 142 S. 2 Nr. 5 ThürJVollzGB. Brandenburg, Mecklenburg-Vorpommern, Niedersachsen und Schleswig-Holstein haben keine entsprechende Regelung getroffen. Insoweit folgt aus dem Anwendungsbereich der Gesetze, dass sie sich nicht erstrecken auf die Durchführung der Zivilhaft (§ 1 Abs. 1 BbgJVollzG, § 1 StVollzG M-V, § 1 NJVollzG, § 1 LStVollzG SH). Formen der Zivilhaft, die in Justizvollzugsanstalten vollzogen werden, sind Ordnungs-, Sicherungs-, Zwangs- und Erzwingungshaft.[176] Resozialisierungsaspekte bleiben beim Vollzug der Zivilhaft außen vor. § 171 StVollzG stellt klar, dass Eigenart und Zweck der Zivilhaft vollzugsbestimmend sind. Im Rahmen der vorliegenden Ausarbeitung wird angesichts der eher geringen Bedeutung der Zivilhaft in der Vollzugspraxis und mangels zureichend verwertbarer Erkenntnisse hierzu auf alte Menschen im Vollzug der Zivilhaft nicht näher eingegangen.

(LJVollzG) vom 08.05.2013 (GVBl. RLP S. 79); Gesetz über den Vollzug der Freiheitsstrafe im Saarland (Saarländisches Strafvollzugsgesetz – SLStVollzG) vom 24.04.2013 (SL Amtsbl. I S. 116); Gesetz über den Vollzug der Freiheitsstrafe und des Strafarrests im Freistaat Sachsen (Sächsisches Strafvollzugsgesetz – SächsStVollzG) vom 16.05.2013 (SächsGVBl. S. 250); Justizvollzugsgesetzbuch Sachsen-Anhalt (JVollzGB LSA) vom 18.12.2015 (GVBl. LSA S. 666); Gesetz über den Vollzug der Freiheitsstrafe in Schleswig-Holstein (Landesstrafvollzugsgesetz Schleswig-Holstein – LStVollzG SH) vom 21.07.2016 (GVOBl. Schl.-H. S. 618); Thüringer Justizvollzugsgesetzbuch (ThürJVollzGB) vom 27.02.2014 (Thür. GVBl. S. 13).

175 Laubenthal, Strafvollzug, 8. Aufl. 2019, Rdn. 133.

176 Arloth/Krä, StVollzG, 4. Aufl. 2017, § 171 StVollzG Rdn. 1; Jehle, in: Schwind/Böhm/Jehle/Laubenthal, Strafvollzugsgesetze – Bund und Länder, 6. Aufl. 2013, §§ 171 ff. StVollzG Rdn. 2; Laubenthal, Strafvollzug, 8. Aufl. 2019, Rdn. 976; Neubacher, in: Laubenthal/Nestler/Neubacher/Verrel, Strafvollzugsgesetze, 12. Aufl. 2015, Abschnitt B Rdn. 10.

Neben den Strafvollzugsgesetzen weitere wichtige Rechtsquellen für den Strafvollzug sind das Grundgesetz, die Konvention zum Schutze der Menschenrechte und Grundfreiheiten, die Charta der Grundrechte der Europäischen Union, die von den Vereinten Nationen beschlossenen Mindestgrundsätze für die Behandlung der Gefangenen,[177] der Internationale Pakt über bürgerliche und politische Rechte, die Europäischen Strafvollzugsgrundsätze,[178] das Europäische Übereinkommen zur Verhütung von Folter und unmenschlicher und erniedrigender Behandlung und Strafe sowie das dazugehörige Fakultativprotokoll.[179]

Anders als bei jugendlichen oder heranwachsenden Inhaftierten im Strafvollzug gelten hinsichtlich des Strafvollzugs an alten Gefangenen keine eigenen bzw. besonderen „Alten-Strafvollzugsgesetze". Für die Senioren unter den Gefangenen finden die den Vollzug von Freiheitsstrafe betreffenden strafvollzugsgesetzlichen Vorgaben des jeweils einschlägigen Landes-Strafvollzugsgesetzes oder ggf. – bei Zivilhaft – des Bundes-Strafvollzugsgesetzes Anwendung.

C. Vollzugsgestaltung im Alter

I. Allgemeines

Wie der Alltag in einer Justizvollzugsanstalt konkret ausgestaltet ist, richtet sich nach den landesvollzugsgesetzlichen Vorgaben.

II. Strafantritt, Aufnahmeverfahren, Behandlungsuntersuchung, Vollzugsplan

Der Beginn des Freiheitsstrafenvollzugs lässt sich unterteilen in den Strafantritt des Verurteilten, das Aufnahmeverfahren und die Behandlungsuntersuchung zur Erstellung eines individuellen Vollzugsplans.[180] Teile der Landesstrafvollzugsgesetze sprechen anstatt von einer Behandlungsuntersuchung von einem Diagnoseverfahren. Dies betrifft die Länder Brandenburg, Bremen, Mecklenburg-Vorpommern, Rheinland-Pfalz, Saarland, Sachsen, Sachsen-Anhalt,

---

177 Bei den Mindestgrundsätzen für die Behandlung der Gefangenen handelt es sich um unverbindliche Empfehlungen, die keine bindende Wirkung entfalten.

178 Die Europäischen Strafvollzugsgesetze stellen lediglich Empfehlungen dar.

179 Arloth/Krä, StVollzG, 4. Aufl. 2017, Einl. Rdn. 7 ff.; Laubenthal, Strafvollzug, 8. Aufl. 2019, Rdn. 33 ff.; zu verfassungsrechtlichen und menschenrechtlichen Leitlinien für den Strafvollzug siehe auch Jehle, in: Schwind/Böhm/Jehle/Laubenthal, Strafvollzugsgesetze – Bund und Länder, 6. Aufl. 2013, Vor § 1 StVollzG Rdn. 15 ff.

180 Laubenthal, Strafvollzug, 8. Aufl. 2019, Rdn. 300.

Schleswig-Holstein und Thüringen. In Berlin ist die Thematik in § 8 StVollzG Bln geregelt als Diagnostikverfahren und in Hessen in § 9 HStVollzG als „Feststellung des Maßnahmenbedarfs".[181] Unterschiede bestehen auch hinsichtlich des Begriffs des Vollzugsplans. Dieser ist in einigen Ländern als Vollzugs- und Eingliederungsplan geregelt. Das betrifft Berlin, Brandenburg, Bremen, Mecklenburg-Vorpommern, Rheinland-Pfalz, Saarland, Sachsen, Sachsen-Anhalt, Schleswig-Holstein und Thüringen. Hamburg spricht in § 8 HmbStVollzG von einem Resozialisierungsplan.[182]

1. Strafantritt

Die Freiheitsstrafe, zu der eine (lebensältere) Person verurteilt wurde, ist nach Rechtskraft des Urteils (vgl. § 449 StPO) vollstreckbar.[183] Die Strafvollstreckungsbehörde stellt gem. § 451 Abs. 1 StPO die Staatsanwaltschaft dar. Sie lädt den Verurteilten, wenn dieser auf freiem Fuß ist, unmittelbar zum Strafantritt, wobei dem Verurteilten eine Frist gesetzt wird, binnen derer er sich in der angegebenen Vollzugsanstalt einzufinden hat, vgl. § 27 Abs. 1 und § 27 Abs. 2 S. 1 StrVollstrO.[184] Die Frist wird in der Regel so bemessen, dass dem Verurteilten mindestens eine Woche zum Ordnen seiner Angelegenheiten bleibt, vgl. § 27 Abs. 2 S. 1 StrVollstrO. Nur in besonderen Fällen darf eine Ladung zum sofortigen Strafantritt erfolgen, vgl. § 27 Abs. 2 S. 2 StrVollstrO. Gem. § 29 Abs. 1 S. 1 StrVollstrO weist die Vollstreckungsbehörde die verurteilte Person durch ein Aufnahmeersuchen in die zuständige Vollzugsanstalt ein.

Die Ladung zum Haftantritt und die damit verbundene gedankliche Auseinandersetzung mit der bevorstehenden Freiheitsstrafe bedeuten sowohl für junge wie auch für alte Menschen emotionalen Stress.[185] Neben Angst und Unsicherheit kann sich bei älteren Personen insbesondere im Hinblick auf ihre unter Umständen kürzere Restlebenszeit eine besondere Perspektivlosigkeit breit machen. Dazu kommen

---

181 Der Einfachheit halber beschränkt sich die vorliegende Darstellung auf den Begriff der Behandlungsuntersuchung.

182 Die vorliegende Darstellung beschränkt sich auf den Begriff des Vollzugsplans.

183 Dazu Laubenthal/Nestler, Strafvollstreckung, 2. Aufl. 2018, S. 43 ff.; Pollähne/Woynar, Verteidigung in Vollstreckung und Vollzug, 5. Aufl. 2014, S. 21 ff.

184 Zu besonderen Konstellationen, bei denen sich der Verurteilte zum Zeitpunkt der Rechtskraft des Urteils nicht auf freiem Fuß befindet, siehe Laubenthal, Strafvollzug, 8. Aufl. 2019, Rdn. 301 und Wolf, in: Pohlmann/Jabel/Wolf, Strafvollstreckungsordnung, 9. Aufl. 2016, § 28 StVollstrO Rdn. 2 ff.

185 Schramke, Alte Menschen im Strafvollzug, 1996, S. 164 ff.

möglicherweise Zweifel dahingehend, der Haft (körperlich) gewachsen zu sein und nach Haftentlassung noch ein selbstbestimmtes Leben führen zu können.[186]

Bei vollzugserfahrenen älteren Straftätern ist anzunehmen, dass der Haftantritt als weniger stressauslösendes Ereignis empfunden wird, da sie das bevorstehende Prozedere bereits kennen. Doch auch bei diesen Verurteilten treten zu den schon vorhandenen Restriktionen des Alters ab dem Moment des Haftantritts weitere Einschränkungen infolge des Strafvollzugs hinzu, sodass der Alterungsprozess unter Umständen noch zusätzlich erschwert wird.[187]

Bei chronisch kranken, alten Gefangenen besteht die Möglichkeit, dass diese ihre Strafe in einem Justizvollzugskrankenhaus antreten.[188] Nach einer Entscheidung des Oberlandesgerichts Hamm[189] aus dem Jahr 2015 handelt es sich bei einem Justizvollzugskrankenhaus um eine Einrichtung des Strafvollzugs und somit um eine Strafanstalt. Demnach ist die Möglichkeit eines Strafantritts in einem Vollzugskrankenhaus vom Gesetz vorgesehen und es muss nicht zwingend Strafausstand im Sinne von § 455 StPO gewährt werden,[190] wenn die Vollstreckung krankheitsbedingt nur in einem Vollzugskrankenhaus erfolgen kann. Der Entscheidung lag der Antrag eines an diversen Krankheiten leidenden Verurteilten auf Strafaufschub zugrunde, den die Strafvollstreckungsbehörde ablehnte, worauf sie den Verurteilten zum Strafantritt in ein Justizvollzugskrankenhaus lud. Diese Entscheidung der Strafvollstreckungsbehörde wurde durch das Oberlandesgericht Hamm aufrechterhalten. In den Gründen wird insbesondere darauf hingewiesen, dass bei den durchweg chronischen Erkrankungen des Verurteilten allein pflegerische Bedürfnisse im Vordergrund stünden und es sich nicht etwa um Erkrankungen handele, die erst zur Herbeiführung oder zur Aufrechterhaltung der Vollzugstauglichkeit eine vorangehende Krankenhausbehandlung erforderte.

---

186 Mößle/Greve, Gelingendes Altern im Strafvollzug – Überlegungen zu einer scheinbar paradoxen Konstellation, in: KrimPäd 45/2007, S. 37; siehe auch Legat, Ältere Menschen und Sterbenskranke im Strafvollzug, 2009, S. 37 f.; Schramke, Alte Menschen im Strafvollzug, 1996, S. 164 ff.

187 Mößle/Greve, Gelingendes Altern im Strafvollzug – Überlegungen zu einer scheinbar paradoxen Konstellation, in: KrimPäd 45/2007, S. 40.

188 OLG Köln, Beschluss vom 07.08.2012 – 2 Ws 575/12, 2 Ws 576/12 = BeckRS 2012, 17786; Pollähne, in: Gercke/Julius/Temming/Zöller, Strafprozessordnung, 6. Aufl. 2019, § 455 StPO Rdn. 6; anders OLG Koblenz, Beschluss vom 25.06.2003 – 1 Ws 387/03 = BeckRS 2003, 30321708; OLG Celle, Beschluss vom 26.10.2011 – 1 Ws 424/11 = BeckRS 2011, 25074.

189 OLG Hamm, Beschluss vom 20.10.2015 – III- 3 Ws 392/15 = NStZ-RR 2016, S. 60.

190 Zum Strafausstand siehe die Ausführungen in Teil II C. V. 1.

Im Hinblick auf ältere multimorbide Gefangene mit einem hohen pflegerischen Bedarf ist demnach denkbar, dass diese ihre Haftstrafe nicht in einer normalen Justizvollzugsanstalt, sondern in einem Justizvollzugskrankenhaus antreten.

Beispiele für solche Justizvollzugskrankenhäuser sind in Baden-Württemberg das Justizvollzugskrankenhaus Hohenasperg, das niedersächsische Justizvollzugskrankenhaus in der Justizvollzugsanstalt Lingen[191] oder in Nordrhein-Westfalen das Justizvollzugskrankenhaus Fröndenberg.

2. *Aufnahmeverfahren, Behandlungsuntersuchung und Vollzugsplan*

Nachdem der Verurteilte seine Haftstrafe angetreten hat, beginnt der eigentliche Aufnahmevorgang in der Justizvollzugsanstalt. Die §§ 5 bis 7 StVollzG, §§ 4 f. JVollzGB III BW, Art. 7 bis 9 BayStVollzG, §§ 7 bis 10 StVollzG Bln, §§ 12 bis 15 BbgJVollzG, §§ 6 bis 9 BremStVollzG, §§ 6 bis 8 HmbStVollzG, §§ 8 bis 10 HStVollzG, §§ 6 bis 9 StVollzG M-V, §§ 8 f. NJVollzG, §§ 8 bis 10 StVollzG NRW, §§ 12 bis 15 LJVollzG RLP, §§ 6 bis 9 SLStVollzG, §§ 6 bis 9 SächsStVollzG, §§ 12 bis 15 JVollzGB LSA, §§ 6 bis 9 LStVollzG SH, §§ 12 bis 15 ThürJVollzGB stellen einzelne Regelungen zu Aufnahmeverfahren, Behandlungsuntersuchung und Vollzugsplan dar. Sie betreffen die Planung des Vollzugs zu Beginn der Haft.[192]

Das Aufnahmeverfahren bringt für die Betroffenen weitreichende Änderungen mit sich. Es ändern sich die gesamten Lebensumstände des Verurteilten. Er muss sein gewohntes Umfeld verlassen, büßt seine bisherige gesellschaftliche Stellung ein und wird in ein weitgehend fremdbestimmtes geschlossenes soziales System eingegliedert.[193] Dabei hat er sich an die neuen formellen und informellen Vorgaben sowohl der Justizvollzugsanstalt als auch der Mitgefangenen anzupassen.[194] Die im Rahmen des Aufnahmeverfahrens durchgeführten Maßnahmen wie Entkleidung, Durchsuchung und Abgabe der Habe stellen für die Betroffenen einschneidende Prozeduren dar, welche nicht ohne Auswirkungen auf ihr Selbstwertgefühl bleiben.[195]

191 Siehe hierzu Ebbecke/Nadjiri/Schauer, Das Nds. Justizvollzugskrankenhaus in der JVA Lingen: Entwicklung und Veränderungsprozesse, in: FS 3/2013, S. 289 ff.

192 Arloth/Krä, StVollzG, 4. Aufl. 2017, § 5 StVollzG Rdn. 1.

193 Laubenthal, Strafvollzug, 8. Aufl. 2019, Rdn. 315.

194 Schramke, Alte Menschen im Strafvollzug, 1996, S. 164.

195 Vgl. Laubenthal, Strafvollzug, 8. Aufl. 2019, Rdn. 315.

Aufgrund einer möglicherweise verminderten Anpassungs- und Leistungsfähigkeit gelingt es älteren Inhaftierten dann schwerer, sich in die neuen Abläufe in einer Justizvollzugsanstalt zu integrieren.[196]

An das Aufnahmeverfahren schließt sich die Behandlungsuntersuchung an, deren Ergebnisse in die Erstellung des Vollzugsplans einfließen, vgl. § 7 Abs. 1 StVollzG, § 5 Abs. 1 JVollzGB III BW, Art. 9 Abs. 1 S. 1 BayStVollzG, § 9 Abs. 1 S. 1 StVollzG Bln, § 14 Abs. 1 S. 1 BbgJVollzG, § 8 Abs. 1 S. 1 BremStVollzG, § 8 Abs. 1 HmbStVollzG, § 10 Abs. 1 HStVollzG, § 8 Abs. 1 S. 1 StVollzG M-V, § 9 Abs. 2 NJVollzG, § 10 Abs. 1 S. 1 StVollzG NRW, § 14 Abs. 1 S. 1 LJVollzG RLP, § 8 Abs. 1 S. 1 SLStVollzG, § 8 Abs. 1 S. 1 SächsStVollzG, § 14 Abs. 1 S. 1 JVollzGB LSA, § 8 Abs. 1 S. 1 LStVollzG SH, § 14 Abs. 1 S. 1 ThürJVollzGB.

Im Rahmen der Vollzugsplanung wird individuell-konkret festgelegt, wie das Vollzugsziel der Resozialisierung zu erreichen bzw. die entsprechende Vollzugsaufgabe zu bewerkstelligen ist.[197] Dem Insassen soll während des Vollzugs eine seiner Persönlichkeit und seinen Bedürfnissen entsprechende Behandlung zugutekommen.[198] Der zu Beginn der Haftstrafe erstellte Vollzugsplan erfährt während der Dauer des Vollzugs eine kontinuierliche Fortschreibung, um der weiteren Entwicklung des Inhaftierten gerecht zu werden und den Vollzugsplan an die jeweiligen Gegebenheiten und Entwicklungen anzupassen.[199]

Das fortgeschrittene Lebensalter eines Inhaftierten und damit verbundene physische oder psychische Defizite müssen bereits im Rahmen der Behandlungsuntersuchung und bei der Erstellung des Vollzugsplans Berücksichtigung finden.

In § 7 Abs. 2 StVollzG und in § 5 Abs. 2 JVollzGB III BW, Art. 9 Abs. 1 S. 2 BayStVollzG, § 10 Abs. 1 S. 1 StVollzG Bln, § 15 Abs. 1 S. 1 BbgJVollzG, § 9 Abs. 1 S. 1 BremStVollzG, § 8 Abs. 2 S. 1 HmbStVollzG, § 10 Abs. 4 S. 1 HStVollzG, § 9 Abs. 1 S. 1 StVollzG M-V, § 9 Abs. 1 S. 2 NJVollzG, § 10 Abs. 1 S. 4 StVollzG NRW, § 15 Abs. 1 S. 1 LJVollzG RLP, § 9 Abs. 1 S. 1 SLStVollzG, § 9 Abs. 1 S. 1 SächsStVollzG, § 15 Abs. 1 S. 1 JVollzGB LSA, § 9 Abs. 1 LStVollzG SH, § 15 Abs. 1 S. 1 ThürJVollzGB finden sich Vorgaben dazu, welche Angaben der Vollzugsplan

---

196 Beck, Alter schützt vor Strafe?, in: HRRS 2010, S. 158; Schramke, Alte Menschen im Strafvollzug, 1996, S. 165.

197 Wischka, in: Schwind/Böhm/Jehle/Laubenthal, Strafvollzugsgesetze – Bund und Länder, 6. Aufl. 2013, § 7 StVollzG Rdn. 1.

198 Arloth/Krä, StVollzG, 4. Aufl. 2017, § 7 StVollzG, Rdn. 1; Laubenthal, Strafvollzug, 8. Aufl. 2019, Rdn. 322.

199 Feest/Joester, in: AK-StVollzG, 7. Aufl. 2017, Teil II § 8 LandesR Rdn. 21; Laubenthal, Strafvollzug, 8. Aufl. 2019, Rdn. 322.

mindestens beinhalten muss. Dazu zählt unter anderem die Angabe besonderer Hilfs- und Behandlungsmaßnahmen. Hier kommen etwa durch die Justizvollzugsanstalt bereitgestellte altersgerechte Maßnahmen und Angebote wie auf Senioren abgestimmte Freizeitaktivitäten oder Seelsorgergespräche mit altersbezogenen Themen in Betracht. Der Vollzugsplan ist also ein geeignetes Instrument, eine altersentsprechende Betreuung während des Vollzugs zu forcieren.

III. Der Vollzugsablauf im Hinblick auf ältere Menschen

Hinsichtlich des Vollzugsablaufs gibt es bestimmte Themenfelder, die bezogen auf ältere Inhaftierte besondere Aufmerksamkeit erfordern. Dazu zählen die Unterbringung, der Bereich der Arbeit, die Bereiche der Freizeit und Freizeitbeschäftigung, die Kontakte mit der Außenwelt, die Gesundheitsfürsorge und soziale Hilfen.

1. Unterbringung

Die Unterbringung des Inhaftierten stellt den Rahmen dar, innerhalb dessen die Vorgaben eines vollzugszielorientierten Strafvollzugs erreicht werden sollen.[200] Der Verurteilte muss so untergebracht werden, dass ein behandlungsorientierter Strafvollzug stattfinden kann.

Die Vollzugsgesetze differenzieren zwischen Anstalten des offenen und des geschlossenen Vollzugs, vgl. § 141 Abs. 2 StVollzG, § 5 Abs. 2 JVollzGB I BW, Art. 167 Abs. 2 BayStVollzG, § 16 Abs. 1 StVollzG Bln, § 22 Abs. 1 BbgJVollzG, § 15 Abs. 1 BremStVollzG, § 99 Abs. 3 HmbStVollzG, § 72 Abs. 2 HStVollzG, § 15 Abs. 1 StVollzG M-V, § 12 Abs. 1 NJVollzG, § 12 Abs. 1 S. 1 StVollzG NRW, § 22 Abs. 1 LJVollzG RLP, § 15 Abs. 1 SLStVollzG, § 15 Abs. 1 u. 3 SächsStVollzG, § 22 Abs. 1 JVollzGB LSA, § 16 Abs. 1 LStVollzG SH, § 22 Abs. 1 ThürJVollzGB. Offener und geschlossener Vollzug unterscheiden sich im Wesentlichen nach dem Grad der jeweils vorgesehenen Sicherheitsvorkehrungen.[201] Bei einem lebensälteren Straftäter ist unter Umständen eher an eine Unterbringung im offenen Vollzug zu denken, da der Grad der von ihm ausgehenden Gefährlichkeit möglicherweise mit zunehmendem Lebensalter sinkt.

Im Hinblick auf die bauliche Ausgestaltung der Justizvollzugsanstalten beinhalten die Strafvollzugsgesetze nur wenige Regelungen. Die §§ 143 ff.

---

200 Laubenthal, Strafvollzug, 8. Aufl. 2019, Rdn. 344.

201 Arloth/Krä, StVollzG, 4. Aufl. 2017, § 142 StVollzG, Rdn. 2; Laubenthal, Strafvollzug, 8. Aufl. 2019, Rdn. 345; Wirth, in: Schwind/Böhm/Jehle/Laubenthal, Strafvollzugsgesetze – Bund und Länder, 6. Aufl. 2013, § 141 StVollzG Rdn. 16.

StVollzG, §§ 6 ff. JVollzGB I BW, Art. 169 ff. BayStVollzG, §§ 101 f. StVollzG Bln, §§ 107 f. BbgJVollzG, §§ 94 f. BremStVollzG, §§ 99 Abs. 1, 101 ff. HmbStVollzG, §§ 18 Abs. 1, 70 Abs. 1, 72, 73 Abs. 1 HStVollzG, §§ 93 f. StVollzG M-V, §§ 173 f. NJVollzG, §§ 6 Abs. 2 Nr. 1 u. Abs. 3 S. 2, 93 ff. StVollzG NRW, §§ 104 f. LJVollzG RLP, §§ 93 f. SLStVollzG, §§ 97 f. SächsStVollzG, §§ 105 f. JVollzGB LSA, §§ 5 Abs. 2 S. 1 Nr. 1, 128 ff. LStVollzG SH, §§ 105 f. ThürJVollzGB enthalten einzelne Vorgaben für die Größe und Gestaltung der Anstalten, ihrer Räumlichkeiten sowie deren Belegung.

Gerade bei der Unterbringung handelt es sich jedoch um einen Bereich, der hinsichtlich des Strafvollzugs an alten Gefangenen von erheblicher Bedeutung sein kann. Die bauliche Ausstattung der Hafträume und auch der Anstalt an sich muss den alterstypischen Einschränkungen Rechnung tragen, damit ein behandlungsorientierter Strafvollzug stattfinden kann.[202] Solche räumlichen Anforderungen sind bspw. ein rollstuhlgerechter Sanitärraum oder ein barrierefreier Zugang zu den Außenanlagen.[203] Zu denken ist etwa auch an das Anbringen von Handläufen auf den Fluren der Anstalt. In jedem Fall muss eine altersgerechte Unterbringung des lebensälteren Inhaftierten gewährleistet sein.

2. *Arbeit*

Indem die Fähigkeiten des Gefangenen für eine Erwerbstätigkeit nach der Entlassung gefördert werden, dient Arbeit im Strafvollzug in erheblicher Weise der Erreichung des Vollzugsziels der Resozialisierung.[204] Zudem trägt Arbeit zur Angleichung des Lebens in Haft an das Leben außerhalb der Anstalt bei, sodass dem in § 3 Abs. 1 StVollzG, § 2 Abs. 2 JVollzGB III BW, Art. 5 Abs. 1 BayStVollzG, § 3 Abs. 3 StVollzG Bln, § 7 Abs. 1 BbgJVollzG, § 3 Abs. 4 BremStVollzG, § 3 Abs. 1 S. 1 HmbStVollzG, § 3 Abs. 1 S. 1 HStVollzG, § 3 Abs. 4 StVollzG M-V, § 2 Abs. 1 NJVollzG, § 2 Abs. 1 S. 1 StVollzG NRW, § 7 Abs. 1 LJVollzG RLP, § 3 Abs. 4 SLStVollzG, § 3 Abs. 4 SächsStVollzG, § 7 Abs. 1 JVollzGB LSA, § 3 Abs. 3

202 Mößle, Altern hinter Gittern – Wie kann Intervention bei älteren Gefangenen gelingen?, in: Wischka/Pecher/van den Boogaart, Behandlung von Straftätern, 2013, S. 553.

203 Oberfeld, Unterbringung und Behandlung lebensälterer und pflegebedürftiger Menschen in der Pflegeabteilung der JVA Hövelhof, in: FS 1/2015, S. 19.

204 Arloth/Krä, StVollzG, 4. Aufl. 2017, § 37 StVollzG Rdn. 8; Kaiser/Schöch, Strafvollzug, 5. Aufl. 2002, S. 299; Nestler, in: Laubenthal/Nestler/Neubacher/Verrel, Strafvollzugsgesetze, 12. Aufl. 2015, Abschnitt F Rdn. 1; kritisch zum Stellenwert der Arbeit Laubenthal, in: Schwind/Böhm/Jehle/Laubenthal, Strafvollzugsgesetze – Bund und Länder, 6. Aufl. 2013, Vor § 37 StVollzG Rdn. 2.

S. 1 LStVollzG SH, § 7 Abs. 1 ThürJVollzGB normierten Angleichungsgrundsatz Rechnung getragen wird.

Neben die Resozialisierung betreffenden und wirtschaftlichen Vorteilen bringt eine Beschäftigung im Strafvollzug weitere Vorzüge mit sich. Arbeit strukturiert den Tagesablauf der Inhaftierten und stellt für diese eine sinngebende Tätigkeit im häufig wenig abwechslungsreichen Tagesablauf dar. Weiterhin vorteilhaft ist, dass Arbeit das Selbstwertgefühl der Inhaftierten steigert und zur Erlangung eines höheren Status innerhalb der Gefangenengemeinschaft beiträgt.[205]

Das Bundesstrafvollzugsgesetz und die meisten der Landesstrafvollzugsgesetze sehen eine Arbeitspflicht für Strafgefangene vor, vgl. § 41 Abs. 1 S. 1 StVollzG,[206] § 47 Abs. 1 S. 1 JVollzGB III BW, Art. 43 S. 1 BayStVollzG, § 24 Abs. 1 S. 1 StVollzG Bln, § 22 S. 2 BremStVollzG, § 38 Abs. 1 S. 1 HmbStVollzG, § 27 Abs. 2 S. 1 HStVollzG, § 22 S. 1 StVollzG M-V, § 38 Abs. 1 NJVollzG, § 29 Abs. 1 S. 2 StVollzG NRW, § 29 Abs. 2 S. 1 JVollzGB LSA, § 35 Abs. 1 S. 1 LStVollzG SH, § 29 Abs. 1 S. 1 ThürJVollzGB.

Laut den Regelungen des Bundesstrafvollzugsgesetzes sowie der Landes-Strafvollzugsgesetze von Baden-Württemberg, Bayern, Hessen und Sachsen-Anhalt gelten die Vorschriften zur Arbeitspflicht jedoch nicht für Gefangene über 65 Jahre, vgl. § 41 Abs. 1 S. 3 StVollzG, § 47 Abs. 1 S. 3 JVollzGB III BW, Art. 43 S. 4 BayStVollzG, § 27 Abs. 2 S. 1 HStVollzG, § 29 Abs. 2 S. 3 Nr. 3 JVollzGB LSA.

In Berlin und Schleswig-Holstein entfällt die Arbeitspflicht mit Erreichen des gesetzlichen Renteneintrittsalters, vgl. § 24 Abs. 2 StVollzG Bln, § 35 Abs. 2 LStVollzG SH. In Hamburg und Thüringen sind Gefangene, die die Regelaltersgrenze der gesetzlichen Rentenversicherung erreicht haben, von der Arbeitspflicht ausgenommen, vgl. § 38 Abs. 1 S. 5 HmbStVollzG, § 29 Abs. 1 S. 4 Alt. 1 ThürJVollzGB. In Niedersachsen und Nordrhein-Westfalen darf Gefangenen ab Erreichung der Regelaltersgrenze der gesetzlichen Rentenversicherung eine Beschäftigung zugewiesen werden, wenn diese zustimmen, vgl. § 35 Abs. 4 NJVollzG, § 29 Abs. 4 StVollzG NRW. In diesen Ländern ist also in Zukunft auf das 67. Lebensjahr abzustellen, da in Deutschland die Regelaltersrente nach Ablauf einer Übergangsperiode gemäß § 35 S. 2 SGB VI mit Vollendung des 67. Lebensjahres erreicht werden wird.

---

205 Legat, Ältere Menschen und Sterbenskranke im Strafvollzug, 2009, S. 41 f.

206 Angesichts der Beschränkung des Anwendungsbereichs des Gesetzes auf die Zivilhaft (siehe oben Teil III B.) hat die Norm allerdings keine Bedeutung mehr, denn der in Zivilhaft Gehaltene ist nicht zu Arbeit oder ähnlicher Beschäftigung verpflichtet, § 175 StVollzG.

In den Landes-Strafvollzugsgesetzen von Bremen und Mecklenburg-Vorpommern finden sich trotz der vorgegebenen Arbeitspflicht keine Angaben zu entsprechenden Altersgrenzen, vgl. § 22 BremStVollzG, § 22 StVollzG M-V. Hier ist die Pflichtarbeit allerdings in der Weise mit dem Vollzugsziel verknüpft, dass sie zu dessen Erreichung als zwingend erforderlich erachtet wird (§ 22 S. 2 i. V. m. § 9 Abs. 2 BremStVollzG, § 22 S. 1 i. V. m. § 9 Abs. 2 StVollzG M-V). Daran fehlt es in der Regel nach Erreichen des Rentenalters.

Brandenburg, Rheinland-Pfalz, das Saarland und Sachsen verzichten auf die Vorgabe einer Arbeitspflicht. In Brandenburg, Rheinland-Pfalz und Sachsen soll den Gefangen unter bestimmten Voraussetzungen Arbeit zugewiesen oder übertragen werden, vgl. § 30 Abs. 1 BbgJVollzG, § 29 Abs. 1 S. 1 LJVollzG RLP, § 22 Abs. 1 SächsStVollzG. Im Saarland sind die Gefangenen gem. § 22 S. 2 unter bestimmten Voraussetzungen dazu anzuhalten, eine ihnen zugewiesene Arbeit auszuüben.

Es zeigt sich also, dass Gefangene ab einer gewissen Altersgrenze von der Arbeitspflicht ausgenommen sind. Die Möglichkeit, freiwillig zu arbeiten, bleibt aber Gefangenen unter allen Gesetzen auch nach Erreichen des Rentenalters eröffnet. Ein Beschäftigungsverbot Älterer existiert im Vollzug ebenso wenig wie in Freiheit. Da die Zuweisung einer Beschäftigung aber immer auch von den persönlichen Fähigkeiten und Fertigkeiten des Inhaftierten abhängt, kann es in der vollzuglichen Praxis umgekehrt der Fall sein, dass bereits Inhaftierte jüngeren Alters aufgrund des Merkmals der individuellen Arbeitsfähigkeit keine Beschäftigung mehr zugewiesen bekommen.[207] Auch in den Ländern ohne Arbeitspflicht richtet sich die Vergabe einer Beschäftigung nach den körperlichen und geistigen Fähigkeiten des Inhaftierten, sodass möglicherweise vorhandene physische oder psychische Defizite einer Beschäftigung schon frühzeitig im Wege stehen können. So sind im Saarland die Gefangenen gem. § 22 S. 2 SLStVollzG anzuhalten, eine ihnen zugewiesene Arbeit, die ihren körperlichen Fähigkeiten entspricht, auszuüben. In Sachsen soll gem. § 22 Abs. 1 SächsStVollzG den Gefangenen nach Möglichkeit ihren Fähigkeiten angemessene Arbeit übertragen werden, soweit sie körperlich und geistig hierzu in der Lage sind. Daneben erschweren es teilweise ferner vollzugsorganisatorische Gründe – wie eine beschränkte Anzahl an Arbeitsplätzen – , älteren Inhaftierten eine angemessene Beschäftigung zuzuweisen.[208]

207 Laubenthal, Strafvollzug, 8. Aufl. 2019, Rdn. 395.
208 Legat, Ältere Menschen und Sterbenskranke im Strafvollzug, 2009, S. 42.

Stellt man auf die angestrebte Resozialisierung als eine Zielsetzung der Arbeitstätigkeit im Strafvollzug ab, kann bei der Vergabe von Arbeitsplätzen an alte Inhaftierte im Vergleich zu jüngeren Inhaftierten berücksichtigt werden, dass bei lebensälteren Entlassenen die Aufnahme einer Erwerbstätigkeit nach Haftentlassung eher unwahrscheinlich bleibt. Umso mehr muss aber beachtet werden, dass die Bereiche Freizeit und Freizeitbeschäftigung für inhaftierte Senioren dementsprechend erheblich an Bedeutung gewinnen.[209]

3. *Freizeit und Freizeitbeschäftigung*

Das Bundesstrafvollzugsgesetz und die Hälfte der Landes-Strafvollzugsgesetze (Baden-Württemberg, Bayern, Hamburg, Hessen, Niedersachsen, Nordrhein-Westfalen, Sachsen-Anhalt und Schleswig-Holstein) unterscheiden hinsichtlich der Tageseinteilung zwischen drei Tagesphasen: der Arbeitszeit, der Freizeit und der Ruhezeit, vgl. § 82 Abs. 1 S. 1 StVollzG, § 62 Abs. 1 S. 1 JVollzGB III BW, Art. 88 Abs. 1 S. 1 BayStVollzG, § 68 Abs. 2 Nr. 1 HmbStVollzG, § 45 Abs. 3 S. 1 i. V. m. § 79 Abs. 2 HStVollzG, § 75 Abs. 2 S. 1 NJVollzG, § 63 Abs. 2 S. 1 i. V. m. § 102 S. 2 StVollzG NRW, § 84 Abs. 2 S. 1 1. Alt. i. V. m. § 113 Abs. 2 Nr. 2 JVollzGB LSA, § 140 S. 2 LStVollzG SH.

Berlin, Brandenburg, Bremen, Mecklenburg-Vorpommern, Rheinland-Pfalz, das Saarland, Sachsen und Thüringen differenzieren im Gegensatz dazu zwischen der Unterbringung während der Einschlusszeiten und dem Aufenthalt außerhalb der Einschlusszeiten, vgl. §§ 12, 13 StVollzG Bln; §§ 18, 19 BbgJVollzG; §§ 11, 12 BremStVollzG; §§ 11, 12 StVollzG M-V; §§ 18, 19 LJVollzG RLP; §§ 11, 12 SLStVollzG; §§ 11, 12 SächsStVollzG; §§ 18, 19 ThürJVollzGB, wobei der Aufenthalt außerhalb der Einschlusszeiten den Bereich der Freizeit umfasst.

Die Freizeit ist im streng geregelten Vollzugsalltag für die Inhaftierten von großer Bedeutung und bietet ihnen Möglichkeiten, sich ihren Interessen entsprechend zu beschäftigen.[210] Die Justizvollzugsanstalt soll Gelegenheiten zu verschiedenen Freizeitbeschäftigungen anbieten, zwischen denen der Inhaftierte dann eine Wahl hat.[211]

Sind ältere Menschen in einer Justizvollzugsanstalt inhaftiert, ist die Anstaltsleitung dazu angehalten, das Freizeitangebot an die besonderen Bedürfnisse

---

209 Laubenthal, Strafvollzug an älteren Menschen, in: Kunz/Gertz, Straffälligkeit älterer Menschen, 2015, S. 135.

210 Kaiser/Schöch, Strafvollzug, 5. Aufl. 2002, S. 183; Laubenthal, Strafvollzug, 8. Aufl. 2019, Rdn. 608.

211 Kaiser/Schöch, Strafvollzug, 5. Aufl. 2002, S. 183.

lebensälterer Menschen anzupassen. Dies kann geschehen durch Anleitungen zur Lebensführung, altersgerechte sportliche Aktivitäten, Gesprächsgruppen mit seniorenbezogenen Themenstellungen, kreativitätsfördernde bzw. kreativitätserhaltende Kurse oder Maßnahmen zur Gedächtnisförderung.[212] Daneben kommen etwa auch kommunikationsbegünstigende Angebote wie zusätzliche Aufschlusszeiten oder das Durchführen von Gesellschaftsspielen in Betracht, damit sich die Gefangenen untereinander austauschen können. Weiter sind mobilitätserhaltende oder mobilitätsfördernde Maßnahmen wie Kraft- und Gleichgewichtsübungen denkbar.[213]

4. *Kontakte mit der Außenwelt*

Kontakte mit der Außenwelt sind für Inhaftierte in verschiedenen Formen möglich, sodass sich die entsprechenden Vorschriften an mehreren Stellen des jeweiligen Strafvollzugsgesetzes finden. Relevant sind in diesem Rahmen die Regelungen zu Besuchsempfang, Schriftwechsel, Telekommunikation, Paketverkehr, Hafturlaub[214] und Vollzugslockerungen[215].[216] Ebenso können die Vorschriften zu Hörfunk und Fernsehen an dieser Stelle eine Rolle spielen.[217]

Da die Gefangenen mit Haftantritt aus ihrem gewohnten sozialen Umfeld ausgegliedert werden, nimmt der Bereich der Kontakte mit der Außenwelt für sie einen ganz besonderen Stellenwert ein. Außenkontakte sind einerseits

---

212 Laubenthal, Strafvollzug an älteren Menschen, in: Kunz/Gertz, Straffälligkeit älterer Menschen, 2015, S. 135.

213 Fichte, Strafvollzug an älteren Menschen – ein Plädoyer für eine eigene Vollzugsform, in: KrimPäd 45/2007, S. 35.

214 In Baden-Württemberg und Hessen geregelt als Freistellung aus der Haft (§ 9 Abs. 2 Nr. 3 JVollzGB III bzw. § 13 Abs. 3 S. 1 Nr. 4 HStVollzG), in Hamburg als Freistellung von der Haft (§ 12 Abs. 1 S. 1 Nr. 4 HmbStVollzG). Die Landes-Strafvollzugsgesetze von Berlin, Brandenburg, Bremen, Mecklenburg-Vorpommern, Nordrhein-Westfalen, Rheinland-Pfalz, Saarland, Sachsen, Sachsen-Anhalt, Schleswig-Holstein und Thüringen sprechen anstatt von Hafturlaub von Langzeitausgang, vgl. § 42 Abs. 1 Nr. 3 StVollzG Bln, § 46 Abs. 1 S. 1 Nr. 3 BbgJVollzG, § 38 Abs. 1 Nr. 3 BremStVollzG, § 38 Abs. 1 Nr. 3 StVollzG M-V, § 53 Abs. 2 Nr. 3 StVollzG NRW, § 45 Abs. 1 S. 1 Nr. 3 LJVollzG RLP, § 38 Abs. 1 Nr. 3 SLStVollzG, § 38 Abs. 1 Nr. 3 SächsStVollzG, § 45 Abs. 1 Nr. 4 JVollzGB LSA, § 55 Abs. 1 Nr. 3 LStVollzG SH, § 46 Abs. 1 S. 1 Nr. 3 ThürJVollzGB.

215 In Baden-Württemberg, Hessen und Nordrhein-Westfalen geregelt als vollzugsöffnende Maßnahmen, vgl. § 9 JVollzGB III BW, § 13 HStVollzG, § 53 StVollzG NRW.

216 Siehe dazu etwa Laubenthal, Strafvollzug, 8. Aufl. 2019, Rdn. 483 ff.

217 Arloth/Krä, StVollzG, 4. Aufl. 2017, § 23 StVollzG Rdn. 1.

für die Erreichung von Vollzugsziel bzw. -aufgabe essentiell,[218] da der Inhaftierte ohne Kontakt mit der Außenwelt nicht zureichend auf ein (straffreies) Leben in der Außenwelt vorbereitet werden kann. Andererseits helfen Außenkontakte dabei, den Strafvollzug menschenwürdig auszugestalten,[219] indem sie bei der Umsetzung der Vollzugsgrundsätze mitwirken. Durch das Aufrechterhalten sozialer Kontakte und entsprechender persönlicher Beziehungen wird das Leben in der Anstalt den Lebensverhältnissen außerhalb der Anstalt den gegebenen Möglichkeiten gemäß angeglichen.[220] Kommunikationsmöglichkeiten mit der Außenwelt sind zudem geeignet, schädlichen Folgen des Freiheitsentzugs insbesondere in Form von Haftdeprivationen entgegenzusteuern, und die Chancen auf eine erfolgreiche Wiedereingliederung in die Gesellschaft werden erhöht. Der Gegensteuerungsgrundsatz ist in den Strafvollzugsgesetzen geregelt in § 3 Abs. 2 StVollzG, § 2 Abs. 3 S. 1 JVollzGB III BW, Art. 5 Abs. 2 BayStVollzG, § 3 Abs. 4 StVollzG Bln, § 7 Abs. 2 BbgJVollzG, § 3 Abs. 5 BremStVollzG, § 3 Abs. 1 S. 2 HmbStVollzG, § 3 Abs. 2 HStVollzG, § 3 Abs. 5 StVollzG M-V, § 2 Abs. 2 NJVollzG, § 2 Abs. 1 S. 4 StVollzG NRW, § 7 Abs. 2 S. 1 LJVollzG RLP, § 3 Abs. 5 SLStVollzG, § 3 Abs. 5 SächsStVollzG, § 7 Abs. 2 S. 1 JVollzGB LSA, § 3 Abs. 4 S. 1 LStVollzG SH, § 7 Abs. 2 S. 1 ThürJVollzGB, der Integrationsgrundsatz in § 3 Abs. 3 StVollzG, § 2 Abs. 4 JVollzGB III BW, Art. 5 Abs. 3 BayStVollzG, § 3 Abs. 2 StVollzG Bln, § 8 Abs. 2 BbgJVollzG, § 3 Abs. 2 BremStVollzG, § 3 Abs. 1 S. 3 HmbStVollzG, § 3 Abs. 3 HStVollzG, § 3 Abs. 2 StVollzG M-V, § 2 Abs. 3 S. 1 NJVollzG, § 2 Abs. 1 S. 2 StVollzG NRW, § 8 Abs. 2 LJVollzG RLP, § 3 Abs. 2 SLStVollzG, § 3 Abs. 2 SächsStVollzG, § 8 Abs. 2 JVollzGB LSA, § 3 Abs. 2 S. 1 LStVollzG SH, § 8 Abs. 2 ThürJVollzGB.

Da bei alten Menschen bereits in Freiheit die Gefahr sozialer Ausgliederung und Vereinsamung besteht, ist bei ihnen im Strafvollzug ein besonderes Augenmerk darauf zu legen, dass sie den Bezug zu ihrem gewohnten Umfeld nicht verlieren. Die Justizvollzugsanstalt muss also bei ihren Entscheidungen im Hinblick auf die Gewährung von vollzugsöffnenden Maßnahmen, Besuchsempfang oder Telefongesprächen berücksichtigen, dass bei inhaftierten Senioren ein erhöhtes Bedürfnis an Kommunikationsmöglichkeiten mit der Außenwelt besteht. Unter Umständen ist die Justizvollzugsanstalt sogar

218 Laubenthal, Strafvollzug, 8. Aufl. 2019, Rdn. 483 f.; Laubenthal, in: Laubenthal/Nestler/Neubacher/Verrel, Strafvollzugsgesetze, 12. Aufl. 2015, Abschnitt E Rdn. 1.

219 Laubenthal, Strafvollzug, 8. Aufl. 2019, Rdn. 484; siehe dazu auch Kaiser/Schöch, Strafvollzug, 5. Aufl. 2002, S. 85.

220 Zum Angleichungsgrundsatz siehe bereits Teil III C. III. 2.

dazu angehalten, aktiv auf die Aufrechterhaltung und Entwicklung sozialer Kontakte hinzuwirken.[221]

5. Gesundheitsfürsorge

Die Vorschriften der § 56 bis § 66 StVollzG, § 32 bis § 39 JVollzGB III BW, Art. 58 bis Art. 68 BayStVollzG, § 70 bis § 77 StVollzG Bln, § 74 bis § 80 BbgJVollzG, § 63 bis § 69 BremStVollzG, § 57 bis § 67 HmbStVollzG, § 23 und § 24 HStVollzG, § 62 bis § 68 StVollzG M-V, § 56 bis § 63 NJVollzG, § 43 bis § 49 StVollzG NRW, § 72 bis § 78 LJVollzG RLP, § 62 bis § 68 SLStVollzG, § 63 bis § 69 SächsStVollzG, § 73 bis § 79 JVollzGB LSA, § 79 bis § 87 LStVollzG SH, § 73 bis § 79 ThürJVollzGB regeln den Bereich der Gesundheitsfürsorge. Die Vollzugsbehörde ist verpflichtet, für die körperliche und die geistige Gesundheit des Gefangenen zu sorgen.[222] Die medizinische Versorgung im Strafvollzug ist in Art und Umfang mit derjenigen außerhalb des Strafvollzugs vergleichbar.[223]

Die Gesundheitsfürsorge betreffend ältere Gefangene stellt den Justizvollzug jedoch teilweise vor große Herausforderungen. Dies hängt vor allem mit im Alter auftretenden gesundheitlichen Problemen zusammen, die auch kumulativ auftreten können (Multimorbidität).[224] Zum einen steigt mit zunehmendem Alter die Wahrscheinlichkeit chronischer und alterstypischer Erkrankungen. Zusätzlich zeigen sich gesundheitliche Probleme im Strafvollzug unter Umständen früher auf als außerhalb des Vollzugs.[225]

221 Laubenthal, in: Laubenthal/Nestler/Neubacher/Verrel, Strafvollzugsgesetze, 12. Aufl. 2015, Abschnitt E Rdn. 7.

222 Arloth/Krä, StVollzG, 4. Aufl. 2017, § 56 StVollzG Rdn. 1; Laubenthal, in: Laubenthal/Nestler/Neubacher/Verrel, Strafvollzugsgesetze, 12. Aufl. 2015, Abschnitt H Rdn. 1; Legat, Ältere Menschen und Sterbenskranke im Strafvollzug, 2009, S. 43.

223 Arloth/Krä, StVollzG, 4. Aufl. 2017, § 56 StVollzG Rdn. 1; Keppler/Nestler, in: Schwind/Böhm/Jehle/Laubenthal, Strafvollzugsgesetze – Bund und Länder, 6. Aufl. 2013, § 56 StVollzG Rdn. 2; Lesting, in: AK-StVollzG, 7. Aufl. 2017, Teil II § 62 LandesR Rdn. 4.

224 Vgl. hierzu Görgen, Ältere und hochaltrige Gefangene – Herausforderung (und Entwicklungschance) für den Strafvollzug, in: KrimPäd 45/2007, S. 45 ff.; Görgen/Greve, Alte Menschen in Haft: der Strafvollzug vor den Herausforderungen durch eine wenig beachtete Personengruppe, in: BewHi 2/2005, S. 8 f.

225 Görgen, Ältere und hochaltrige Gefangene – Herausforderung (und Entwicklungschance) für den Strafvollzug, in: KrimPäd 45/2007, S. 45; Görgen/Greve, Alte Menschen in Haft: der Strafvollzug vor den Herausforderungen durch eine wenig beachtete Personengruppe, in: BewHi 2/2005, S. 8.

Hierauf muss mit Hilfe entsprechender diagnostischer und therapeutischer Maßnahmen reagiert werden. Alte Gefangene benötigen eine optimale medizinische Versorgung. Zusätzlich zu dieser kann im Einzelfall eine pflegerische Versorgung notwendig werden.

Im Zusammenhang mit der Gesundheitsfürsorge bei alten Menschen kann ferner eine Rolle spielen, dass diese je nach Einzelfall bei Maßnahmen der täglichen Körperpflege Unterstützung bedürfen. Aufgrund körperlicher Beschränkungen oder infolge altersbedingter Nachlässigkeit können in diesem Bereich Hilfen angezeigt sein.

6. *Soziale Hilfe*

Eine wesentliche Ausprägung des Sozialstaatsprinzips im Strafvollzug stellt die Soziale Hilfe dar.[226] Im Rahmen der Sozialen Hilfe werden die Gefangenen bei der Behebung ihrer persönlichen, wirtschaftlichen und sozialen Schwierigkeiten unterstützt.[227] Unter den Gesichtspunkten der Individualität und der Hilfe zur Selbsthilfe ist die Vollzugsanstalt angehalten, ein wirksames Resozialisierungskonzept zu entwickeln und diesem entsprechend die Ausgestaltung des Strafvollzugs vorzunehmen.[228] Dies ergibt sich aus § 71 StVollzG, § 40 JVollzGB III BW, Art. 74 BayStVollzG, § 5 StVollzG Bln, § 11 Abs. 1 und 2 BbgJVollzG, § 5 Abs. 1 BremStVollzG, § 8 Abs. 3 S. 1 und 2 HmbStVollzG, § 26 Abs. 1 S. 1 HStVollzG, § 5 StVollzG M-V, § 68 Abs. 1 NJVollzG, § 4 Abs. 2 StVollzG NRW, § 11 Abs. 1 LJVollzG RLP, § 5 Abs. 1 SLStVollzG, § 5 Abs. 1 SächsStVollzG, § 11 Abs. 1 JVollzGB LSA, § 20 S. 1 und 2 LStVollzG SH, § 11 Abs. 1 ThürJVollzGB. Die Soziale Hilfe erstreckt sich über den gesamten Zeitraum des Vollzugs. Sie fängt schon im Rahmen der Aufnahme an und wirkt fort bis hin zur Entlassungsvorbereitung und Entlassung.

In den einschlägigen Vorschriften der Strafvollzugsgesetze sind nur wenige konkrete Leistungen – wie etwa die Unterstützung in Unterhaltsangelegenheiten (z. B. in § 41 Abs. 2 S. 2 1. Alt. JVollzGB III BW) oder bei der Wahrnehmung der Rechte der Inhaftierten (z. B. in § 4 Abs. 3 StVollzG NRW) sowie Hilfe bei

---

226 BVerfG, Urteil vom 5.6.1973 – 1 BvR 536/72 = NJW 1973, S. 1226 ff.; Arloth/Krä, StVollzG, 4. Aufl. 2017, § 71 StVollzG Rdn. 1; Kaiser/Schöch, Strafvollzug, 5. Aufl. 2002, S. 329; Laubenthal, Strafvollzug, 8. Aufl. 2019, Rdn. 643.

227 Best, in: Schwind/Böhm/Jehle/Laubenthal, Strafvollzugsgesetze – Bund und Länder, 6. Aufl. 2013, Vor § 71 StVollzG Rdn. 3; Neubacher, in: Laubenthal/Nestler/Neubacher/Verrel, Strafvollzugsgesetze, 12. Aufl. 2015, Abschnitt B Rdn. 65.

228 Laubenthal, in: Laubenthal/Nestler/Neubacher/Verrel, Strafvollzugsgesetze, 12. Aufl. 2015, Abschnitt H Rdn. 115 f.; Laubenthal, Strafvollzug, 8. Aufl. 2019, Rdn. 643.

der Regelung eines durch ihre Straftat entstandenen Schadens (z. B. in § 5 Abs. 2 SLStVollzG) – genannt. Der Vollzugsanstalt ist hinsichtlich der im Rahmen der sozialen Hilfe möglichen Maßnahmen ein weiter Spielraum eröffnet.

Bei alten Menschen ist daran zu denken, diese bei Angelegenheiten betreffend ihre Rente zu unterstützen. Denkbar sind etwa auch tiefergehende Betreuungsmodelle psychologischer oder seelsorgerischer Art. Für alte Strafgefangene ebenfalls hilfreich könnten Programme lebenspraktischer Art sein wie Schulungen im Umgang mit Computern, der Nutzung öffentlicher Verkehrsmittel oder solche bezogen auf Geschäfte des täglichen Lebens.

7. Zwischenfazit

Aus den oben zusammengetragenen Erkenntnissen ergibt sich, dass sich das Vollzugsziel bzw. die Vollzugsaufgabe der Resozialisierung bei alten Gefangenen in etwas abgewandelter Form zeigt. Durch die Inhaftierung zusätzlich auftretende Beschränkungen müssen bei ihnen möglichst reduziert werden, um einem (weiteren) altersbedingtem Abbau entgegenzuwirken. Eine Zielsetzung des behandelnden Einwirkens im Strafvollzug sollte es sein, die alten Gefangenen geistig und körperlich fit zu halten und ihre Selbstständigkeit zu bewahren, soweit dies unter den Bedingungen des Freiheitsentzugs realisierbar ist. Vorhandene Fähigkeiten und Fertigkeiten sind zu fördern. Für die Zeit der Haft und darüber hinaus müssen realistische Ziele entwickelt werden, die altersgerecht erscheinen und für den einzelnen Betroffenen auch erreichbar bleiben. Die Gestaltung des Lebens in der Justizvollzugsanstalt zur Verwirklichung dieses Vollzugsziels bzw. der -aufgabe bedarf einiger Modifizierungen.

IV. Entlassungsvorbereitung und Entlassung

Um die vollzugsgesetzliche Vorgabe eines zukünftigen straffreien Lebens in sozialer Verantwortung zu erreichen, muss der Strafgefangene während der gesamten Dauer des Vollzugs schrittweise auf das Leben in der Freiheit vorbereitet werden. Gerade in dem Zeitraum vor der Entlassung sind ggf. zusätzliche Behandlungsmaßnahmen erforderlich, um einen möglichst reibungslosen Übergang in das Leben außerhalb der Justizvollzugsanstalt zu gewährleisten.

Die Strafvollzugsgesetze normieren besondere Maßnahmen zur Entlassungsvorbereitung vor allem in den § 15 StVollzG, § 89 JVollzGB III BW, Art. 17 BayStVollzG, § 46 StVollzG Bln, § 50 BbgJVollzG, § 42 BremStVollzG, §§ 15 f. HmbStVollzG, § 16 HStVollzG, § 42 StVollzG M-V, § 17 NJVollzG, §§ 58 f. StVollzG NRW, § 49 LJVollzG RLP, § 42 SLStVollzG, § 42 SächsStVollzG, § 49 JVollzGB LSA, § 59 LStVollzG SH, § 50 ThürJVollzGB. In Berlin, Brandenburg,

Bremen, Hamburg, Mecklenburg-Vorpommern, Rheinland-Pfalz, Saarland, und Sachsen, Sachsen-Anhalt, Schleswig-Holstein, Thüringen ist dabei nicht von der Entlassungsvorbereitung die Rede, sondern von der Vorbereitung der Eingliederung. Gemäß den genannten Vorschriften kommen als Maßnahmen zur Entlassungsvorbereitung z. B. die Gewährung von Vollzugslockerungen bzw. vollzugsöffnenden Maßnahmen wie etwa Ausführung oder Ausgang oder aber die Gewährung von Hafturlaub bzw. Freistellung aus/von der Haft oder Langzeitausgang in Betracht.

Darüber hinaus finden sich auch einzelne Vorschriften im Rahmen anderer Regelungsbereiche wie etwa in Bayern, Hessen und Niedersachen im Rahmen der Vorschriften zu den Sozialen Hilfen. In diesen wird vorgegeben, dass die Gefangenen zur Entlassungsvorbereitung, bei der Ordnung ihrer persönlichen, wirtschaftlichen und sozialen Angelegenheiten zu unterstützen sind, vgl. Art. 79 S. 1 BayStVollzG, § 26 Abs. 1 S. 1 HStVollzG, § 69 Abs. 3 S. 1 NJVollzG.

Aufgrund der kürzeren Restlebenszeit nach Haftentlassung gestaltet sich ein Neuanfang für ältere Inhaftierte schwerer als für jüngere Gefangene. Daneben können altersbedingte körperliche Einschränkungen und gesundheitliche Probleme die Wiedereingliederung erschweren. Insofern ist gerade bei alten Gefangenen eine gezielte Entlassungsvorbereitung dringend notwendig. Als Maßnahmen der Entlassungsvorbereitung kommen hier unter anderem in Betracht, eine geeignete Wohnung oder Pflegeeinrichtung zu finden, die Rentenangelegenheiten abzuklären oder nach Möglichkeiten sozialer Einbindung zu suchen.[229]

V. Exkurs: Gefahr der Viktimisierung älterer Strafgefangener

Eine Gefahr gerade im Hinblick auf ältere Strafgefangene im Vollzugsalltag stellt deren Viktimisierung dar. Gewalttätigkeiten unter Strafgefangenen im Vollzugsalltag kommen vor.[230] Dies kann einerseits damit zusammenhängen, dass die Vollzugsgemeinschaft zu einem nicht unerheblichen Teil aus Personen besteht, deren bisheriges Leben von Gewalt und Gewaltausübung geprägt war. Andererseits wird in diesem Zusammenhang auch die in Justizvollzugsanstalten

---

229 Oberfeld, Unterbringung und Behandlung lebensälterer und pflegebedürftiger Menschen in der Pflegeabteilung der JVA Hövelhof, in: FS 1/2015, S. 19.

230 Zur Häufigkeit von Gewalthandlungen unter Inhaftierten siehe z. B. Baier/Bergmann, Gewalt im Strafvollzug – Ergebnisse einer Befragung in fünf Bundesländern, in: FS 2/2013, S. 76 ff.

bestehende Subkultur relevant, in welcher Gewalt und Unterdrückung statusbestimmende Bedeutung zukommt.[231]

Lebensältere Menschen können aufgrund ihrer gesteigerten körperlichen, psychischen und sozialen Verletzbarkeit besonders opferanfällig sein.[232] Dieses erhöhte Viktimisierungsrisiko geht oftmals mit einer gesteigerten Viktimisierungsfurcht einher, die für den betroffenen Gefangenen eine zusätzliche psychische Belastung darstellt. Der lebensältere Strafgefangene weiß, dass er sich in einer Gemeinschaft von Insassen befindet, die Straftaten von nicht unerheblichem Gewicht begangen haben, dass er aufgrund seines Alters zu einer Minderheit der Vollzugspopulation gehört und dass er den Mitgefangenen unter Umständen aufgrund körperlicher Gebrechen unterlegen bleibt.[233]

Im Hinblick auf die Subkultur ist jedoch auch bekannt, dass gerade alte Strafgefangene, die bereits lange Zeit in der Justizvollzugsanstalt inhaftiert sind, aufgrund ihrer Haftseniorität einen hohen Platz in der Rangordnung der subkulturellen Gefangenengemeinschaft einnehmen. Insoweit können sie von ihrer Hafterfahrung profitieren. Sie kennen die Gepflogenheiten, Abläufe und das Personal der Justizvollzugsanstalt und sind unter Umständen bereits in das Leben innerhalb der Einrichtung integriert.

VI. Exkurs: Tod im Gefängnis

Im Hinblick auf ihre Inhaftierung kann der Tod bei alten Menschen in verschiedener Hinsicht Relevanz entfalten.

1. Suizidalität

Alte Menschen sind in einem besonderen Maße suizidgefährdet. Laut den Angaben des Statistischen Bundesamtes gab es im Jahr 2016 insgesamt 9 838 (statistisch erfasste) Suizide.[234] Von diesen wurden 4 461 von Personen verübt, die 60

---

231 Siehe dazu Kaiser/Schöch, Strafvollzug, 5. Aufl. 2002, S. 472 f.; Laubenthal, Strafvollzug, 8. Aufl. 2019, Rdn. 211 ff.; Schramke, Alte Menschen im Strafvollzug, 1996, S. 210.

232 Eisenberg/Kölbel, Kriminologie, 7. Aufl. 2017, S. 990; Laubenthal, in: Kunz/Gertz; Straffälligkeit älterer Menschen, 2015, S. 137; siehe dazu auch Englisch, Ältere Menschen als Opfer von Straftaten, in: Kriminalistik 4/2015, S. 263 ff.; Hirsch, Aspekte der Gewalt gegen alte Menschen in Deutschland, in: BewHi 2/2005, S. 149 ff.; kritisch Schramke, Alte Menschen im Strafvollzug, 1996, S. 344.

233 Schramke, Alte Menschen im Strafvollzug, 1996, S. 210.

234 Die Zahlen des Statistischen Bundesamtes zur Anzahl der Suizide nach Altersgruppen und Geschlecht sind online abrufbar unter https://www.destatis.de/DE/Themen/Gesellschaft-Umwelt/Gesundheit/Todesursachen/Tabellen/sterbefaelle-suizid-erwachsene-kinder.html (letzter Aufruf 31.03.2019).

Jahre oder älter waren. Fast die Hälfte der Suizidenten im Jahr 2016 gehörte also zu dieser Altersgruppe. Der ganz überwiegende Teil von ihnen war männlich (74,18%). Dieser im Jahr 2016 verhältnismäßig hohe Anteil lebensälterer Suizidenten stellt keine Ausnahme dar. Ihr Anteil war bereits im Jahr 2006 mit 42,58% relativ hoch und hat dann im Verlauf der nächsten Jahre geringfügig weiter zugenommen über 43,31% im Jahr 2012 bis hin zu 45,34% im Jahr 2016.

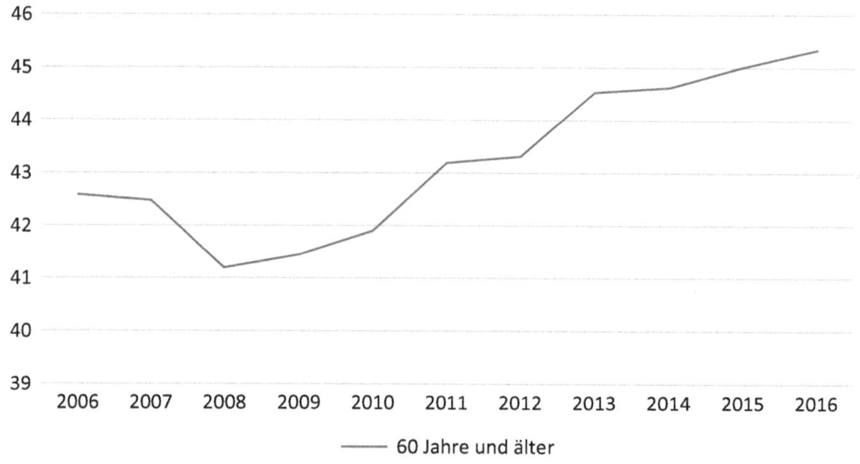

Abbildung 2: Prozentualer Anteil der 60 Jahre alten und älteren an Personen, die Suizid verüben

Quelle: Gesundheitsberichterstattung des Bundes, Vorsätzliche Selbstschädigung 2006–2016.[235]

Altersabhängige suizidbegünstigende Faktoren sind psychische und physische Erkrankungen, emotionale und soziale Isolation, drastische Veränderungen im Rollenstatus sowie der Verlust nahestehender Personen.[236] Hierbei handelt es sich um Faktoren, die durch eine Inhaftierung noch verstärkt werden können, sodass der Strafvollzug die Suizidgefahr für alte Menschen möglicherweise zusätzlich erhöht.

235 Online abrufbar über die Seite des Statistischen Bundesamtes unter https://www.destatis.de/DE/Themen/Gesellschaft-Umwelt/Gesundheit/Todesursachen/Tabellen/sterbefaelle-suizid-erwachsene-kinder.html (letzter Aufruf 31.03.2019).

236 Schramke, Alte Menschen im Strafvollzug, 1996, S. 177.

Dass Selbstmord in Justizvollzugsanstalten vorkommt, zeigt etwa eine Statistik des Bildungsinstituts des niedersächsischen Justizvollzuges, welche Auskunft über die Anzahl der Suizide von Gefangenen in Deutschland in den Jahren von 2000 bis 2004 nach Länge des bereits verbrachten Aufenthalts gibt. Nach dieser haben sich im Zeitraum zwischen 2000 und 2004 insgesamt 442 Gefangene in Deutschland das Leben genommen.[237] Einer 2012 durch das Bildungsinstitut veröffentlichten Studie, welche sich mit Suiziden von Gefangenen in Deutschland im Zeitraum zwischen 2000 und 2010 beschäftigt, liegen die Daten von 907 Gefangenen (884 Männer und 23 Frauen) zugrunde, die sich in einer Justizvollzugsanstalt das Leben genommen haben.[238] Nach dieser Erhebung sind Männer einem deutlich höheren Suizidrisiko ausgesetzt als Frauen und hinsichtlich beider Geschlechter erhöht sich das Suizidrisiko im Vollzug im Vergleich zu demjenigen außerhalb des Vollzugs erheblich: bei Männern um das 6-fache, bei Frauen sogar um das 9-fache.[239] Hinsichtlich des Alters wird in dieser Studie allerdings nur unterschieden zwischen unter 18-Jährigen, 18–20-Jährigen, 20–25-Jährigen und Personen, die älter als 25 Jahre sind; speziell zur Gruppe 60 Jahre und älter liegen damit insoweit keine Zahlen vor.

Einige wenige Landes-Strafvollzugsgesetze gehen im Rahmen der Vorschriften zum Gegensteuerungsgrundsatz ausdrücklich auf die im Strafvollzug bestehende Gefahr von Selbsttötungen ein. So geben Rheinland-Pfalz und Sachsen-Anhalt in § 7 Abs. 2 S. 2 LJVollzG RLP bzw. in § 7 Abs. 2 S. 2 JVollzGB LSA vor, dass bei der Verhinderung der schädlichen Folgen des Freiheitsentzuges ein besonderes Augenmerk auf die Verhütung von Selbsttötungen zu legen ist. Thüringen normiert in § 7 Abs. 2 S. 2 ThürJVollzGB, dass ein Schwerpunkt auf die Verhütung von Selbsttötungen zu richten ist.

---

237 Bildungsinstitut des niedersächsischen Justizvollzuges (Kriminologischer Dienst), Suizide in Justizvollzugsanstalten der Bundesrepublik Deutschland in den Jahren 2000 bis 2004, 2005; Zahl online abrufbar unter https://de.statista.com/statistik/daten/studie/70855/umfrage/selbstmord-in-u-haft/ (letzter Aufruf 01.04.2019).

238 Kriminologischer Dienst im Bildungsinstitut des niedersächsischen Justizvollzugs, Suizide von Gefangenen in Deutschland 2000 bis 2010, S. 2 (als PDF online abrufbar unter https://www.bildungsinstitut-justizvollzug.niedersachsen.de/download/65640/Suizide_von_Gefangenen_von_2000_bis_2010.pdf., letzter Aufruf 16.05.2019); die Totalerhebung soll laut Angaben des Kriminologischen Dienstes Niedersachsen bis zum Jahr 2019 fortgeführt werden.

239 Kriminologischer Dienst im Bildungsinstitut des niedersächsischen Justizvollzugs, Suizide von Gefangenen in Deutschland 2000 bis 2010, S. 35 f. (als PDF online abrufbar unter https://www.bildungsinstitut-justizvollzug.niedersachsen.de/download/65640/Suizide_von_Gefangenen_von_2000_bis_2010.pdf., letzter Aufruf 16.05.2019).

Auch in den Ländern ohne entsprechende Normierung ergibt sich allerdings aus den Vorschriften zur Gesundheitsfürsorge und zur Sicherheit, dass die Justizvollzugsanstalten dazu angehalten sind, für die körperliche und geistige Gesundheit der Strafgefangenen und deren Sicherheit Sorge zu tragen und Selbsttötungen zu verhindern.

Als Arbeitsgruppe des Nationalen Suizidpräventionsprogrammes wurde im Jahr 2006 die Bundesarbeitsgruppe „Suizidprävention im Justizvollzug" gegründet, deren Ziel es ist, Erfahrungen zu kommunizieren, Ergebnisse aus wissenschaftlichen Studien vorzustellen, Erkenntnisse auszutauschen und Komponenten der Suizidprävention zu entwickeln.[240] Die Bundesarbeitsgruppe hat in zurückliegenden Jahren Empfehlungen für die Aufnahme von Gefangenen in den Justizvollzug (2008), den Umgang mit Suizidalität (2013) und die Nachsorge (2018) erstellt,[241] welche den Ländern als Handlungsempfehlungen dienen sollen. Auch die Weltgesundheitsorganisation hat im Jahr 2007 einen Leitfaden für Mitarbeiter des Justizvollzugsdienstes zur Suizidprävention herausgegeben,[242] in welchem unter anderem die kontinuierliche Schulung des gesamten Vollzugspersonals im Hinblick auf Suizidprävention empfohlen wird.

Dass es sich bei der Gruppe der lebensälteren Gefangenen um eine besonders suizidgefährdete Insassengruppe handelt, lässt sich anhand bislang vorliegender Daten allerdings gerade nicht zureichend belegen.[243]

---

240 Siehe dazu http://www.bag-suizidpraevention.de/ (letzter Aufruf 31.03.2019).

241 Online abrufbar unter http://www.bag-suizidpraevention.de/materialien/ (letzter Aufruf 31.03.2019).

242 Als PDF online abrufbar unter https://www.who.int/mental_health/resources/resource_jails_prisons_german.pdf (letzter Aufruf 12.04.2019).

243 Zu einem erhöhten Suizidrisiko von Untersuchungsgefangenen und Erstverbüßern im ersten Haftmonat siehe Bennefeld-Kersten, Was kann die Technik zur Suizidprävention beitragen?, in: FS 6/2010, S. 342; zu einem erhöhten Suizidrisiko von nicht vorbestraften und gering vorbestraften Inhaftierten höheren Lebensalters siehe Schmitt, Verhütung von Suizid und Suizidversuchen im Justizvollzug, in: BewHi 4/2006, S. 300; Petersen/Kunze/Thiel/Fiedler/Briken/Püschel setzen die Altersspanne des „typischen" Suizidkandidaten zwischen 20 und 45 Jahren an, vgl. Petersen/Kunze/Thiel/Fiedler/Briken/Püschel, Todesfälle von Inhaftierten in Hamburg 1996–2012 – Vorschläge zur Suizidprävention im Gefängnis, in: Archiv für Kriminologie 239/2017, S. 84. Der Beitrag von Rabe/Konrad, Aktuelle Aspekte des Gefängnissuizids, in: FPPK 2010, S. 182 ff. enthält eine Übersicht zu Studien zur Suizidalität von Gefangenen aus verschiedenen Ländern.

2. *Sterben und Sterbebegleitung*

Da Alter, Krankheit und Tod häufig in einem engen Zusammenhang stehen, stellt sich angesichts der Zunahme alter Menschen im Strafvollzug die Frage, wie das Lebensende im Justizvollzug gestaltet werden kann.[244]

Der Gesetzgeber sieht zwar Möglichkeiten vor, Sterbenskranken den Strafvollzug zu ersparen.[245] Dennoch entscheiden sich vor allem haftgewohnte und hafterfahrene Insassen mitunter, ihr Leben in Haft zu beschließen, da sie die Vollzugsanstalt als ihr zuhause ansehen und nur noch dort Bezugspersonen haben.[246]

Sofern Sterbenskranke in der Justizvollzugsanstalt verbleiben und nicht in eine geeignete Institution verlegt werden, muss eine umfassende Versorgung in medizinischer, pflegerischer, psychologischer und seelsorgerlicher Hinsicht verfügbar sein, damit eine menschenwürdige Sterbebegleitung im Vollzug gewährleistet ist.[247]

3. *Sterbehilfe*

Neben Suizid und Sterbebegleitung im Strafvollzug wird auch die Frage gestellt, ob Strafgefangenen ein Recht auf Sterbehilfe zusteht.[248] Es ist nicht ausgeschlossen, dass Strafgefangene angesichts ihrer als ausweglos empfundenen Situation den Wunsch äußern, zu sterben, und sie dabei Unterstützung durch die Justizvollzugsanstalt erfahren wollen. Dies ist umso mehr bei alten Gefangenen denkbar, die aufgrund ihrer kürzeren Restlebenszeit eine noch größere Perspektivlosigkeit empfinden können als jüngere Inhaftierte.

---

244 Siehe dazu für den Schweizer Strafvollzug Hostettler/Marti/Richter, Lebensende im Justizvollzug, 2016.

245 Siehe dazu die Ausführungen zu § 455 StPO im Abschnitt Teil II. C. V. 1. und diejenigen zur Entlassung im Gnadenwege im Abschnitt Teil II. C. V. 2.

246 Bausch-Hölterhoff, Es kommt nicht so sehr darauf an, wo ein Mensch stirbt, wichtig ist, wie er stirbt, in: ZfStrVo 2004, S. 98.

247 Siehe dazu Fiedeler, Sterben im Strafvollzug – Seismograph der Verfassung unseres Rechtsstaats?, in: ZfStrVo 2003, S. 285 ff.; dies., „In Würde sterben – auch im Strafvollzug?!“ Studientag am 16.12.2003 in Haus Ortlohn/Iserlohn, in: ZfStrVo 2004, S. 100 ff.; Skirl, „In Würde sterben – auch im Vollzug?“ Plädoyer für die Annäherung an ein Tabu, in: ZfStrVo 2003, S. 283 ff.; Stieber, Seelsorgliche Sterbebegleitung im Gefängnis, in: ZfStrVo 2003, S. 287 ff.; ders., „Bedenken, dass wir sterben müssen“ – ein Beitrag zu einem veränderten Umgang mit Sterben und Tod hinter Gittern, in: ZfStrVo 2005, S. 355 ff.

248 Vgl. dazu Lindner, Sterbehilfe für Strafgefangene?, in: StV 2015, S. 522 ff.

Aufgrund der geltenden Rechtslage kommt in Deutschland Sterbehilfe für Strafgefangene nicht in Betracht. Eine solche würde gegen den im deutschen Strafrecht geltenden absoluten Lebensschutz verstoßen.[249] Den Freiheitsstrafenvollzug betreffend kommt hinzu, dass dieser gerade darauf ausgelegt ist, die Inhaftierten auf ein straffreies zukünftiges Leben außerhalb des Vollzugs vorzubereiten. Hiermit lässt es sich nicht vereinbaren, dem Gefangenen bei der Verwirklichung seines Wunsches, zu sterben, Hilfe zu leisten. Der Strafvollzug muss so ausgestaltet sein, dass das Leben als Gefangener für den Betroffenen ausreichend Lebensqualität aufweist, der Wunsch zu sterben gar nicht erst entsteht.[250]

D. Situation der Vollzugspraxis im Hinblick auf lebensältere Gefangene

Im Folgenden wird die Vollzugspraxis im Hinblick auf lebensältere Gefangene in der Bundesrepublik Deutschland dargestellt.

I. Allgemeines

Am Stichtag des 31.03.2017[251] gibt es in der Bundesrepublik Deutschland insgesamt 181 Justizvollzugsanstalten, die sich auf die 16 Bundesländer verteilen:[252]

249 In Betracht kommende Möglichkeiten für Strafgefangene, die an schweren, unheilbaren Krankheiten leiden, bleiben hier außer Betracht.

250 Zum Thema Suizid und (Sicherungsverwahrungs-)Vollzug siehe Oğlakcıoğlu, Betäubungsmittelstrafrechtliche Entscheidungen des BVerfG sowie der Ober- und Instanzgerichte – 1. Teil, in: NStZ-RR 2018, S. 298, wo auf einen Beschluss des Oberlandesgerichts Karlsruhe vom 06.09.2017 (2 Ws 241/17) eingegangen wird, in welchem das Oberlandesgericht eine Pflicht zur Ermöglichung des Suizids unter Verweis auf den Sinn und Zweck des Sicherungsverwahrungsvollzugs ablehnt.

251 Letzter verfügbarer Stichtag für diese Daten ist der 30.11.2018. Für eine bessere Vergleichbarkeit wurde vorliegend allerdings auf den 31.03.2017 abgestellt, da die Zahlen des Statistischen Bundesamtes, die detaillierte Differenzierungen im Hinblick auf die Bundesländer und das Alter der im Vollzug der Freiheitsstrafe Untergebrachten vornehmen, lediglich für diesen Zeitraum vorliegen.

252 Statistisches Bundesamt, Bestand der Gefangenen und Verwahrten, 2018, S. 30.

Tabelle 15: Justizvollzugsanstalten in der Bundesrepublik Deutschland am 31.03.2017

Land	Zahl der Justizvollzugsanstalten
Deutschland insgesamt	181
Baden-Württemberg	19
Bayern	36
Berlin	7
Brandenburg	5
Bremen	1
Hamburg	6
Hessen	16
Mecklenburg-Vorpommern	5
Niedersachsen	13
Nordrhein-Westfalen	36
Rheinland-Pfalz	10
Saarland	2
Sachsen	10
Sachsen-Anhalt	4
Schleswig-Holstein	5
Thüringen	6

Quelle: Statistisches Bundesamt, Bestand der Gefangenen und Verwahrten, 2018, S. 30.

Insgesamt befinden sich in Deutschland am 31.03.2017 47 193 Personen im Vollzug der Freiheitsstrafe.[253] Von diesen sind 93,88% männlich. Der Anteil der Deutschen liegt bei 69,58%. Von den 47 193 eine Freiheitsstrafe verbüßenden Personen sind 2 029 (= 4,30%) 60 Jahre oder älter. In dieser Altersgruppe beträgt der Anteil der Männer 91,72% und derjenige der Deutschen liegt bei 85,51%.

253 Statistisches Bundesamt, Strafgefangene und Sicherungsverwahrte: Deutschland, Stichtag, Nationalität, Geschlecht, Altersgruppen, Art des Vollzugs (online abrufbar über die Datenbank des Statistischen Bundesamtes "GENESIS-Online" mit dem Tabellencode 24321–0001: https://www-genesis.destatis.de/genesis/online/link/tabellen/24321-0001, letzter Aufruf 02.04.2019).

Tabelle 16: Im Vollzug der Freiheitsstrafe Untergebrachte nach Alter, Geschlecht und Nationalität am 31.03.2017

Altersklasse	Insgesamt	Männlich	Weiblich	Deutsche	Ausländer
Alle über 14-Jährigen	47 193	44 303	2 890	32 836	14 357
60 Jahre und älter	2 029	1 861	168	1 735	294

Quelle: Statistisches Bundesamt, Strafgefangene und Sicherungsverwahrte: Deutschland, Stichtag, Nationalität, Geschlecht, Altersgruppen, Art des Vollzugs.[254]

Die meisten der alten Strafgefangenen sind in Baden-Württemberg, Bayern und Nordrhein-Westfalen untergebracht. In den drei Ländern befinden sich 1 091 Personen[255] dieser Altersgruppe im Freiheitsstrafenvollzug. Das sind mehr als die Hälfte (53,77%) aller im Freiheitsstrafenvollzug Untergebrachten im Alter von 60 Jahren und mehr insgesamt. Dies passt zu dem Umstand, dass in diesen drei Bundesländern mehr als die Hälfte der Gesamtbevölkerung lebt.[256]

In prozentualer Hinsicht verhält es sich bezogen auf die Gesamtpopulation der jeweiligen Strafgefangenen etwas anders. Den höchsten prozentualen Anteil an alten inhaftierten Verurteilten kann mit 5,82% Brandenburg aufweisen, wo insgesamt allerdings lediglich 57 Gefangene der Gruppe 60 Jahre und älter untergebracht sind. Baden-Württemberg, Bayern und Nordrhein-Westfalen liegen prozentual mit 4,48%, 5,07% und 4,03% aber immer noch im Durchschnitt bzw. oberen Durchschnitt. Besonders wenige alte Gefangene – sowohl in tatsächlicher (11) wie auch in prozentualer Hinsicht (2,21%) – finden sich in Bremen.

254 Online abrufbar über die Datenbank des Statistischen Bundesamtes "GENESIS-Online" mit dem Tabellencode 24321–0001: https://www-genesis.destatis.de/genesis/online/link/tabellen/24321-0001, letzter Aufruf 02.04.2019.

255 Baden-Württemberg: 224, Bayern: 392, Nordrhein-Westfalen: 475.

256 Nach der Fortschreibung des Statistischen Bundesamtes leben dort zum Stichtag des 31.12.2017 insgesamt 41 932 763 Menschen. Das sind 50,65% der Gesamtbevölkerung Deutschlands. Die Zahlen sind online abrufbar über die Datenbank des Statistischen Bundesamtes "GENESIS-Online" mit dem Tabellencode 12411–0010: https://www-genesis.destatis.de/genesis/online/link/tabellen/12411-0010, letzter Aufruf 11.04.2019.

Tabelle 17: Im Vollzug der Freiheitsstrafe Untergebrachte nach Bundesländern und Alter am 31.03.2017

Land	Insgesamt	60 Jahre und älter	
		Absolut	Prozentual
Deutschland insgesamt	47 193	2 029	4,30%
Baden-Württemberg	4 999	224	4,48%
Bayern	7 726	392	5,07%
Berlin	3 111	116	3,73%
Brandenburg	979	57	5,82%
Bremen	498	11	2,21%
Hamburg	1 158	42	3,63%
Hessen	3 350	180	5,37%
Mecklenburg-Vorpommern	801	25	3,12%
Niedersachsen	3 712	163	4,39%
Nordrhein-Westfalen	11 772	475	4,03%
Rheinland-Pfalz	2 363	131	5,54%
Saarland	579	23	3,97%
Sachsen	2 718	75	2,76%
Sachsen-Anhalt	1 274	33	2,59%
Schleswig-Holstein	899	46	5,12%
Thüringen	1 254	36	2,87%

Quelle: Statistisches Bundesamt, Strafgefangene und Sicherungsverwahrte: Bundesländer, Stichtag, Nationalität, Geschlecht, Altersgruppen, Art des Vollzugs.[257]

Es überrascht etwas, dass sich nicht unbedingt in denjenigen Bundesländern die meisten lebensälteren Strafgefangen befinden, die auch den höchsten Anteil an 60 Jahre alten und älteren Menschen an der Bevölkerung aufweisen. Eine Übereinstimmung gibt es dahingehend bei Brandenburg. Hier stellen die 60 Jahre alten und älteren mit 31,96% einen überdurchschnittlichen hohen Anteil der Gesamtbevölkerung und auch der prozentuale Anteil der alten Strafgefangenen ist mit 5,82% verhältnismäßig hoch.

257 Online abrufbar über die Datenbank des Statistischen Bundesamtes "GENESIS-Online" mit dem Tabellencode 24321–0002: https://www-genesis.destatis.de/genesis/online/link/tabellen/24321-0002, letzter Aufruf 02.04.2019.

Überdurchschnittlich viele alte Menschen leben auch in Mecklenburg-Vorpommern (32,39%), im Saarland (30,95%), in Sachsen (33,05%), in Sachsen-Anhalt (34,00%) und in Thüringen (33,19%). Bezogen auf die ostdeutschen Bundesländer lässt sich der hohe Anteil Lebensälterer damit erklären, dass viele Angehörige der jüngeren Generationen die Region aus wirtschaftlichen Gründen verlassen. Ähnliches dürfte auch für das Saarland gelten.

In jedem dieser fünf Bundesländer liegt nun aber der Anteil der Altersgruppe 60 plus an den im Freiheitsstrafenvollzug Untergebrachten unter dem bundesweiten Durchschnitt. In Mecklenburg-Vorpommern beträgt er 3,12%, im Saarland 3,97%, in Sachsen 2,76%, in Sachsen-Anhalt 2,59% und in Thüringen 2,87%.

Diese Zahlen passen auf den ersten Blick nicht zusammen. Was dabei aber eine Rolle spielen kann, ist die Tatsache, dass nach Angaben der Polizeilichen Kriminalstatistik 2018 in diesen Bundesländern im Vergleich zu anderen Bundesländern eher weniger Fälle von Straftaten erfasst wurden, sich die kriminelle Belastung in den genannten Ländern also in Grenzen zu halten scheint.[258] Zudem liegt der prozentuale Anteil der Tatverdächtigen im Alter von 60 Jahren und darüber an den Tatverdächtigen insgesamt sowohl in Mecklenburg-Vorpommern wie auch im Saarland, in Sachsen, in Sachsen-Anhalt und Thüringen – trotz des höheren Anteils dieser Altersgruppe an der Bevölkerung – nur geringfügig über dem bundesweiten Durchschnitt von 7,60%.[259] Hier scheinen also zwar mehr alte Menschen zu leben, von diesen treten jedoch eher weniger strafrechtlich in Erscheinung.

---

258 Vgl. dazu Polizeiliche Kriminalstatistik 2018, BKA-Tabellen, Übersicht Länder-, Kreis- und Städtedaten – Falltabellen, Tabelle 01: Mecklenburg-Vorpommern stellt einen Anteil von 1,96% der in Deutschland insgesamt erfassten Fälle im Jahr 2018, das Saarland 1,28%, Sachsen 5,02%, Sachsen-Anhalt 3,16% und Thüringen 2,58%.

259 Vgl. dazu Polizeiliche Kriminalstatistik 2018, BKA-Tabellen, Übersicht Länder-, Kreis- und Städtedaten – Tatverdächtigentabellen, Tatverdächtige insgesamt nach Alter und Geschlecht – Erwachsene ab 60 Jahre – Länder, Tabelle 20_BKA: Der bundesweite Durchschnitt der Alten an den Tatverdächtigen beträgt 7,60%. In Mecklenburg-Vorpommern liegt er bei 8,67%, im Saarland bei 8,11%, in Sachsen bei 7,66%, in Sachsen-Anhalt bei 8,39% und in Thüringen bei 8,16%.

Tabelle 18: Bevölkerungsstand am 31.03.2017

Land	Insgesamt	60 Jahre und älter	
		Absolut	Prozentual
Deutschland insgesamt	82 792 351	23 084 764	27,88%
Baden-Württemberg	11 023 425	2 886 286	26,18%
Bayern	12 997 204	3 435 491	26,43%
Berlin	3 613 495	891 271	24,67%
Brandenburg	2 504 040	800 395	31,96%
Bremen	681 032	184 391	27,08%
Hamburg	1 830 584	427 924	23,38%
Hessen	6 243 262	1 668 629	26,73%
Mecklenburg-Vorpommern	1 611 119	521 822	32,39%
Niedersachsen	7 962 775	2 248 108	28,23%
Nordrhein-Westfalen	17 912 134	4 892 701	27,32%
Rheinland-Pfalz	4 073 679	1 157 850	28,42%
Saarland	994 187	307 720	30,95%
Sachsen	4 081 308	1 348 863	33,05%
Sachsen-Anhalt	2 223 081	755 863	34,00%
Schleswig-Holstein	2 889 821	843 381	29,18%
Thüringen	2 151 205	714 069	33,19%

Quelle: Statistisches Bundesamt, Bundesländer, Stichtag, Altersjahre.[260]

Die Zahlen des Statistischen Bundesamtes zu den sich im Vollzug der Freiheitsstrafen befindlichen Lebensälteren lassen noch weitere Differenzierungen bezogen auf Geschlecht und Nationalität zu.

Bei einem Blick auf die Geschlechterverteilung fällt wenig überraschend auf, dass in sämtlichen Bundesländern auch bei denjenigen, die eine Freiheitsstrafe zu verbüßen haben und 60 Jahre oder älter sind, der Anteil der Männer denjenigen der Frauen überwiegt. Im Vergleich zu der Geschlechterverteilung bezogen auf alle Altersgruppen ist der männliche Anteil jedoch etwas niedriger bzw. der weibliche Anteil etwas höher. Während der männliche Anteil insgesamt 93,88% bzw. der weibliche 6,12% beträgt, liegt er bei den alten Inhaftierten bei 91,72% (Männer) bzw. bei 8,28% (Frauen). Dies kann damit zusammenhängen, dass

260 Online abrufbar über die Datenbank des Statistischen Bundesamtes "GENESIS-Online" mit dem Tabellencode 12411–0012: https://www-genesis.destatis.de/genesis/online/link/tabellen/12411-0012 (letzter Aufruf 11.04.2019).

der Anteil der Frauen bei den älteren Menschen insgesamt höher ist als bei den anderen Altersstufen.[261] Aufgrund einer höheren Lebenserwartung leben Frauen im Durchschnitt länger als Männer.[262]

Tabelle 19: 60 Jahre alte und ältere Strafgefangene im Vollzug der Freiheitsstrafe am 31.03.2017 nach Geschlecht

Land	Gesamt	Männlich		Weiblich	
		Absolut	Prozentual	Absolut	Prozentual
Deutschland insgesamt	2 029	1 861	91,72%	168	8,28%
Baden-Württemberg	224	204	91,07%	20	8,93%
Bayern	392	356	90,82%	36	9,18%
Berlin	116	105	90,52%	11	9,48%
Brandenburg	57	53	92,98%	4	7,02%
Bremen	11	11	100,00%	---	0,00%
Hamburg	42	38	90,48%	4	9,52%
Hessen	180	173	96,11%	7	3,89%
Mecklenburg-Vorpommern	25	20	80,00%	5	20,00%
Niedersachsen	163	151	92,64%	12	7,36%
Nordrhein-Westfalen	475	433	91,16%	42	8,84%
Rheinland-Pfalz	131	118	90,08%	13	9,92%
Saarland	23	23	100,00%	---	0,00%
Sachsen	75	67	89,33%	8	10,67%
Sachsen-Anhalt	33	32	96,97%	1	3,03%
Schleswig-Holstein	46	42	91,30%	4	8,70%
Thüringen	36	35	97,22%	1	2,78%

Quelle: Statistisches Bundesamt, Strafgefangene und Sicherungsverwahrte: Bundesländer, Stichtag, Nationalität, Geschlecht, Altersgruppen, Art des Vollzugs.[263]

261 Siehe dazu Statistisches Bundesamt, Fachserie 1, Reihe 1.3, 2016, S. 14 f.

262 Vgl. dazu Statistisches Bundesamt, Pressemitteilung Nr. 404 vom 18. Oktober 2018 (online abrufbar unter https://www.destatis.de/DE/Presse/Pressemitteilungen/2018/10/PD18_404_12621.html, letzter Aufruf 03.04.2019).

263 Online abrufbar über die Datenbank des Statistischen Bundesamtes "GENESIS-Online" mit dem Tabellencode 24321–0002: https://www-genesis.destatis.de/genesis/online/link/tabellen/24321-0002 (letzter Aufruf 02.04.2019).

Der Anteil der Deutschen liegt bei den Personen, die 60 Jahre und älter sind und die eine Freiheitsstrafe verbüßen, mit 85,51% recht weit über demjenigen bezogen auf alle Altersklassen insgesamt (69,58%). Dass der Anteil der Ausländer bei jüngeren Altersgruppen höher ist als bei älteren, lässt sich möglicherweise auf ausländerrechtliche Gesichtspunkte zurückführen. Die rechtskräftige Verurteilung zu einer Freiheits- oder Jugendstrafe von mindestens zwei Jahren wegen einer oder mehrerer schwerer Straftaten ist für das Ausweisungsinteresse von erheblicher Bedeutung, vgl. § 54 Abs. 1 Nr. 1 i. V. m. § 53 Abs. 1 AufenthG. Ebenso verhält es sich bei einer rechtskräftigen Verurteilung zu einer Freiheitsstrafe von mindestens einem Jahr wegen einer oder mehrerer vorsätzlicher Straftaten gegen das Leben, die körperliche Unversehrtheit, die sexuelle Selbstbestimmung, das Eigentum oder wegen Widerstands gegen Vollstreckungsbeamte, sofern die Straftat mit Gewalt, unter Anwendung von Drohung mit Gefahr für Leib oder Leben oder mit List begangen wurde oder eine Straftat nach § 177 StGB vorliegt, wobei bei serienmäßiger Begehung von Straftaten gegen das Eigentum das Ausweisungsinteresse auch dann besonders schwer wiegt, wenn der Täter keine Gewalt, Drohung oder List angewendet hat, vgl. § 54 Abs. 1 Nr. 1a i V. m. § 53 Abs. 1 AufenthG.

Gerade junge Menschen werden straffällig.[264] Betrifft dies junge Ausländer, werden diese ggf. nach Verbüßung ihrer Haftstrafe ausgewiesen und abgeschoben, sodass sie mit fortgeschrittenem Lebensalter nicht erneut in Deutschland straffällig und inhaftiert werden können. Außerdem leben mehr junge Ausländer in Deutschland als alte.[265] Aufgrund der mit einer Übersiedlung verbundenen Strapazen kommen eher jüngere Ausländer ins Land, da diese zumeist in einer besseren körperlichen Verfassung sind als diejenigen der Generation der Alten und sie deshalb eine Einreise besser bewältigen können.

264 Kaiser, Kriminologie, 10. Aufl. 1997, S. 261; Meier, Kriminologie, 5. Aufl. 2016, S. 136.

265 Nach Angaben des Statistischen Bundesamtes zur Fortschreibung des Bevölkerungsstandes in Deutschland leben 8 475 064 bis 59-jährige Ausländer am 31.12.2017 in Deutschland, wohingegen es nur 1 203 840 60 Jahre alte und ältere sind (Zahlen online abrufbar über die Datenbank des Statistischen Bundesamtes "GENESIS-Online" mit dem Tabellencode 12411–0006: https://www-genesis.destatis.de/genesis/online/link/tabellen/12411-0006, letzter Aufruf 05.04.2019).

Tabelle 20: 60 Jahre alte und ältere Strafgefangene im Vollzug der Freiheitsstrafe am 31.03.2017 nach Nationalität

Land	Gesamt	Deutsche		Ausländer	
		Absolut	Prozentual	Absolut	Prozentual
Deutschland insgesamt	2 029	1 735	85,51%	294	14,49%
Baden-Württemberg	224	193	86,16%	31	13,84%
Bayern	392	319	81,38%	73	18,62%
Berlin	116	98	84,48%	18	15,52%
Brandenburg	57	56	98,25%	1	1,75%
Bremen	11	11	100,00%	---	0,00%
Hamburg	42	29	69,05%	13	30,95%
Hessen	180	144	80,00%	36	20,00%
Mecklenburg-Vorpommern	25	20	80,00%	5	20,00%
Niedersachsen	163	141	86,50%	22	13,50%
Nordrhein-Westfalen	475	411	86,53%	64	13,47%
Rheinland-Pfalz	131	116	88,55%	15	11,45%
Saarland	23	21	91,30%	2	8,70%
Sachsen	75	68	90,67%	7	9,33%
Sachsen-Anhalt	33	32	96,97%	1	3,03%
Schleswig-Holstein	46	41	89,13%	5	10,87%
Thüringen	36	35	97,22%	1	2,78%

Quelle: Statistisches Bundesamt, Strafgefangene und Sicherungsverwahrte: Bundesländer, Stichtag, Nationalität, Geschlecht, Altersgruppen, Art des Vollzugs.[266]

II. Länderbefragung zum Altenstrafvollzug

Um die gegenwärtige Situation des Altenstrafvollzugs in den Ländern wiedergeben zu können, wurde eine Anfrage bei den Justizministerien und Justizsenatoren der einzelnen Bundesländer durchgeführt. Diese Erhebung fand im Dezember 2018 statt und Rückmeldungen kamen aus fast allen Bundesländern. Brandenburg und Rheinland-Pfalz haben keine Rückmeldung gegeben. Insoweit kann jedoch auf die Ergebnisse einer im Jahr 2014 erfolgten Befragung zurückgegriffen werden.[267] Berlin hat in seinem Antwortschreiben auf den Kriminologischen

266 Online abrufbar über die Datenbank des Statistischen Bundesamtes "GENESIS-Online" mit dem Tabellencode 24321–0002: https://www-genesis.destatis.de/genesis/online/link/tabellen/24321-0002 (letzter Aufruf 02.04.2019).

267 Herr Prof. Dr. Laubenthal wandte sich bereits im Jahr 2014 mit Fragestellungen zum Altenstrafvollzug an die Justizministerien und -senatoren und bekam aus allen 16 Bundesländern eine Rückmeldung.

Dienst für den Berliner Justizvollzug und die Sozialen Dienste der Justiz verwiesen. Auch Berlin betreffend wird auf das Ergebnis aus dem Jahr 2014 zurückgegriffen, welches eine Antwort des dortigen Kriminologischen Dienstes umfasst.

Die Anfrage umfasst 6 Punkte:

1. Gibt es in dem Bundesland derzeit spezielle Einrichtungen oder Abteilungen für den Altenstrafvollzug? Sind solche ggf. geplant?
2. Wodurch unterscheiden sich die speziellen Einrichtungen bzw. Abteilungen für den Altenstrafvollzug von den „normalen" Einrichtungen? Gibt es Unterschiede bei der Gestaltung des Vollzugsalltags?
3. Nach welchen Kriterien erfolgt eine Unterbringung von älteren Straftätern in die speziellen Einrichtungen des Altenstrafvollzugs?
4. Gibt es Altenstrafvollzugseinrichtungen für weibliche Inhaftierte?
5. Wie hoch ist die Zahl der Inhaftierten von 60 Jahren und älter, die derzeit in speziellen Einrichtungen oder Abteilungen des Altenstrafvollzugs untergebracht sind?
6. Gibt es Erhebungen dazu, ob der spezielle Altenvollzug von den betroffenen Inhaftierten als positiv oder negativ empfunden wird?

Um einen Überblick über die gegenwärtige Situation des Altenstrafvollzugs in den einzelnen Bundesländern vermitteln zu können, wird im Folgenden auf die vorliegenden Antwortschreiben[268] Bezug genommen.

268 E-Mail des Ministeriums der Justiz und für Europa Baden-Württemberg, Abteilung Justizvollzug vom 09.01.2019; E-Mail des Bayerischen Staatsministeriums der Justiz, Kriminologischer Dienst des bayerischen Justizvollzugs vom 09.01.2019; Schreiben der Berliner Justizvollzugsanstalt Moabit vom 15.01.2019 und Schreiben des Kriminologischen Dienstes für den Berliner Justizvollzug und die Sozialen Dienste der Justiz vom 15.05.2014; Schreiben des Ministeriums der Justiz des Landes Brandenburg vom 12.05.2014 (Az. (III.4) 1410 E IV.031/14); E-Mail des Senators für Justiz und Verfassung Bremen, Abteilung Justizvollzug, Soziale Dienste, Alternativen zum Freiheitsentzug vom 08.01.2019; E-Mail der Justizbehörde Hamburg, Abteilung Justizvollzug vom 18.01.2019; Schreiben des Hessischen Ministeriums der Justiz vom 01.02.2019 (Az. 4557E – KrimD (B1) – 2019/592- IV/B); Schreiben des Justizministeriums Mecklenburg-Vorpommern vom 04.01.2019 (Az. III 230a 4407E-118); Schreiben des Niedersächsischen Justizministeriums vom 14.03.2019 (Az. 4557 I – 303. 173) und vom 08.05.2014 (Az. 4557 I – 304. 173); Schreiben des Ministeriums der Justiz des Landes Nordrhein-Westfalen vom 15.01.2019 (Az. 4557 E – IV. 17/14); Schreiben des Ministeriums der Justiz und für Verbraucherschutz Rheinland-Pfalz vom 26.06.2014 (Az. 4402 – 5–6); Schreiben des Ministeriums der Justiz Saarland, Abteilung Justiz- und

1. Baden-Württemberg

In Baden-Württemberg gibt es in der Justizvollzugsanstalt Konstanz in der Außenstelle Singen eine spezielle Senioren-Abteilung, welche bundesweit die einzige von der Hauptanstalt räumlich getrennte Einrichtung für alte Gefangene darstellt. Zusätzlich ist in Baden-Württemberg nach derzeitigem Planungsstand in Bezug auf den beabsichtigten Neubau der Justizvollzugsanstalt Rottweil[269] neben behindertengerechten Haftplätzen ein Bereich mit barrierefreien Hafträumen, jeweils mit eigenen Sanitäreinrichtungen und größeren Haftraumtüren vorgesehen, in dem unter anderem ältere pflegebedürftige Gefangene untergebracht werden sollen. Pflegebedürftige (ältere) Gefangene, die sich in Singen oder in den Regelvollzugsanstalten des Landes mit den dort zur Verfügung stehenden Mitteln und Möglichkeiten nicht optimal betreuen und pflegerisch versorgen lassen, können im Justizvollzugskrankenhaus Hohenasperg untergebracht werden.

Bei der Außenstelle Singen der Justizvollzugsanstalt Konstanz handelt es sich um eine Einrichtung des geschlossenen Vollzugs, in welcher 48 Haftplätze für männliche Gefangene vorhanden sind. Diese müssen zum Zeitpunkt der Verurteilung das 62. Lebensjahr vollendet und Freiheitsstrafen von mehr als 15 Monaten zu verbüßen haben. Da für die Gefangenen aufgrund der praktizierten Vollzugsform größere Freiheiten bestehen, müssen sie sich außerdem für den nach innen offenen Vollzug eignen. Der Vollzug in Singen zielt darauf ab, förderungswürdige soziale Beziehungen und bestehende Alltagskompetenzen der älteren Menschen zu erhalten. Zu diesem Zweck wird den Gefangenen dort – soweit vertretbar – ermöglicht, den Tagesablauf weitestgehend eigenverantwortlich mitzubestimmen.

Eine Besonderheit im Vollzugsablauf stellen die verlängerten Aufschlusszeiten dar. Die Hafträume sind von 7.00 bis 22.00 Uhr geöffnet und während dieser Zeit können sich die Inhaftierten frei im Haus bewegen. Von 8.00 bis 20.00 Uhr[270] kann der Anstaltshof genutzt werden. Für die älteren Gefangenen sind 40

Maßregelvollzug, Soziale Dienste vom 16.01.2019 (Az. J 4400-E-014/14#001) und vom 05.06.2014 (Az. J 4400-E-014/14#001); Schreiben des Sächsischen Staatsministeriums der Justiz vom 28.01.2019 (Az. 1410E/48/72 – IV5); Schreiben des Ministeriums für Justiz und Gleichstellung des Landes Sachsen-Anhalt vom 07.01.2019 (Az. 4550–302.70) und vom 14.05.2014 (Az. 4550–302.70); Schreiben des Ministeriums für Justiz, Europa, Verbraucherschutz und Gleichstellung vom 11.01.2019 (Az. II 204/4557 E – 30/18-); Schreiben des Thüringer Ministeriums für Migration, Justiz und Verbraucherschutz vom 07.01.2019 (Az. 4557/E-3676/2018–860/2019).

269 Nach Angaben des Justizministeriums Baden-Württemberg voraussichtliche Fertigstellung im Jahr 2026.

270 Im Winter maximal bis zum Einbruch der Dunkelheit.

Arbeitsplätze vorgesehen, welche einfache Montage- und Verpackungsarbeiten umfassen. Mit Hilfe einer Art Beschäftigungstherapie soll psychisch und physisch eingeschränkten Gefangenen Tagesstruktur vermittelt werden. Es besteht die Möglichkeit, ergotherapeutische Maßnahmen in Anspruch zu nehmen. Zusätzlich gibt es von den Justizvollzugsbediensteten und ehrenamtlichen Mitarbeitern geleitete Sport- und Freizeitgruppenangebote sowie die Möglichkeit, in Fitnessräumen zu trainieren. Die Besuchszeiten liegen mit bis zu sechs Stunden pro Monat weit über der in § 19 Abs. 2 S. 2 JVollzGB III BW gesetzlich vorgesehenen Mindestbesuchszeit von einer Stunde pro Monat. Auch im Rahmen der vollzugsöffnenden Maßnahmen werden Gruppenangebote wie Wanderungen, Stadteinkäufe oder Museumsbesuche durchgeführt.

Seit Ende 2017 führt der Verein Chance e. V. in Zusammenarbeit mit dem Netzwerk Straffälligenhilfe ein Projekt zur Wiedereingliederung alter Gefangener durch. Zielgruppe dieses Projekts sind ältere Gefangene, deren Bedarf an Hilfe im Falle einer Haftentlassung nicht mehr über ein bestehendes soziales Umfeld abgedeckt werden kann.

Altenvollzugseinrichtungen für weibliche Inhaftierte gibt es in Baden-Württemberg nicht.

Am Stichtag 4. Januar 2019 befanden sich insgesamt 314 Gefangene im Alter von 60 und mehr Jahren im baden-württembergischen Justizvollzug. In der Außenstelle Singen der Justizvollzugsanstalt Konstanz waren im November 2018 37 Gefangene untergebracht.

Die Reaktionen bei den Gefangenen auf das altersgerechte Konzept in Singen fallen wohl unterschiedlich aus. Besonders hafterfahrenen Inhaftierten, welche die Regeln der Subkultur kennen und sich in dieser sicher bewegen können, soll das Konzept aufgrund des familiären und nahen Verhältnisses oftmals nicht angenehm sein. Insgesamt wird es jedoch eher als positiv empfunden.

2. Bayern

Im bayerischen Justizvollzug gibt es keine eigenen Einrichtungen oder Abteilungen für den Altenstrafvollzug. Den Bedürfnissen älterer Inhaftierter werde hier in anderer Form Rechnung getragen. Es besteht die Möglichkeit, diese in ruhigeren Abteilungen oder in unteren Stockwerken unterzubringen. Sofern sie aus Altersgründen nicht mehr arbeitspflichtig sind, können individuell großzügigere Aufschlusszeiten gewährt werden.

In der Justizvollzugsanstalt Straubing werden ältere und gesundheitlich angeschlagene, behinderte oder chronisch kranke Inhaftierte in Einzelfällen für längere Zeit oder dauerhaft in der Krankenabteilung untergebracht.

Nach Mitteilung des Kriminologischen Dienstes des bayerischen Justizvollzugs[271] ist in der Justizvollzugsanstalt Würzburg eine Station mit 11 Plätzen für lebensältere männliche Gefangene in einem Strafhafthaus geplant. Durch die Schreinerei der Justizvollzugsanstalt Würzburg wurden auf der Station bereits kleinere bauliche Maßnahmen – wie das Höherlegen der Betten um ca. 10 cm – durchgeführt. Weiterhin sollen bei den Sanitäranlagen (bei den Toiletten und der Stationsdusche) Haltegriffe an der Wand angebracht werden. Bei der Stationsdusche ist zusätzlich eine Sitzmöglichkeit geplant. Alle Betten werden mit einer zweiten Matratze ausgestattet und es sind spezielle Angebote sowohl durch die Sportbeamten wie auch durch Ehrenamtliche angedacht. Da die alten Gefangenen in der Regel nicht oder nur stundenweise arbeiten, erfolgt eine entsprechende Anpassung der Aufschlusszeiten.

3. *Berlin*

In den Einrichtungen des Berliner Justizvollzugs bestehen keine Abteilungen oder Bereiche speziell für ältere männliche oder ältere weibliche Inhaftierte. Es ist auch nicht geplant, derartige Bereiche einzurichten.

4. *Brandenburg*

Auch in Brandenburg liegen keine speziellen (Resozialisierungs-)Konzepte für ältere Gefangene vor. Die Unterbringung der lebensälteren Inhaftierten erfolgt nicht in gesonderten Abteilungen oder ähnlichen Einrichtungen. Es gibt aber Sport- und Freizeitangebote, deren Zielgruppe eher ältere Gefangene sind.

5. *Bremen*

Im Justizvollzug des Landes Bremen existieren keine besonderen Einrichtungen oder Abteilungen für den Altenstrafvollzug. Solche sind auch nicht geplant. Die älteren Gefangenen bleiben in die bestehenden Vollzugsabteilungen integriert.

Zum Stichtag 8. Januar 2019 waren in Bremen 16 Personen im Alter zwischen 60 und 79 Jahren inhaftiert.

6. *Hamburg*

Spezielle Einrichtungen oder Abteilungen für den Altenstrafvollzug bestehen in Hamburg nicht. Zum Stichtag 2. Januar 2019 befanden sich 34 Strafgefangene

271 E-Mail des Bayerischen Staatsministeriums der Justiz, Kriminologischer Dienst des bayerischen Justizvollzugs vom 07.05.2019.

über 65 Jahre im Hamburger Justizvollzug, welche auf verschiedene Anstalten verteilt waren.

7. *Hessen*

In Hessen gibt es in der Justizvollzugsanstalt Schwalmstadt eine Abteilung für den Strafvollzug an älteren Gefangenen, das sog. Kornhaus. Daneben findet sich in der Justizvollzugsanstalt Weiterstadt eine Station für ältere Gefangene.

Sowohl in der Justizvollzugsanstalt Schwalmstadt – Abteilung Kornhaus – wie in der Station der Justizvollzugsanstalt Weiterstadt zielt nach Mitteilung des Hessischen Ministeriums der Justiz der Strafvollzug auf die Vorbereitung auf ein gelingendes Altern mit einem sinnvoll strukturierten Tagesablauf ab. Dementsprechend sind auch besondere Behandlungsangebote vorgesehen, wie etwa Maßnahmen zum Gedächtnistraining und zum Umgang mit neuen Techniken. Es gibt altersgerechte Sport- und Bewegungsangebote sowie soziale Trainingsmaßnahmen wie z. B. Ernährung und Kochen.

In der Abteilung Kornhaus werden männliche Verurteilte untergebracht, die älter als 55 Jahre sind und als ruhig, wenig gefährlich und wenig fluchtgefährdet gelten. Auf die Station für ältere Gefangene in der Justizvollzugsanstalt Weiterstadt kann die Vollzugsbehörde Gefangene mit ihrem Einverständnis verlegen, wenn sie 60 Jahre oder älter sind[272] und über eine gewisse Gruppenfähigkeit verfügen.

Altenstrafvollzugseinrichtungen speziell für weibliche Inhaftierte existieren in Hessen nicht.

Am Stichtag 20. Januar 2019 waren in der Justizvollzugsanstalt Schwalmstadt – Abteilung Kornhaus – insgesamt 30 Gefangene im Alter von 60 und mehr Jahren untergebracht. Auf der Station für ältere Gefangene in der Justizvollzugsanstalt Weiterstadt lebten zu diesem Zeitpunkt sieben Gefangene im Alter von 60 Jahren und darüber.

8. *Mecklenburg-Vorpommern*

In dem Bundesland Mecklenburg-Vorpommern existieren keine speziellen Einrichtungen für ältere Gefangene. Es gibt zwar langfristige Überlegungen dahingehend, eine sogenannte geriatrische Abteilung in der Justizvollzugsanstalt Bützow einzurichten, deren konkrete Umsetzung bleibt jedoch aufgrund anderer Prioritäten nicht abzusehen.

---

272 Im Bedarfsfall kann das Alter auf 55 Jahre gesenkt werden.

9. *Niedersachsen*

In der Justizvollzugsanstalt Meppen besteht eine neue Abteilung für Sicherungsverwahrte, die aufgrund einer barrierefreien Bauweise besonders geeignet ist, bis zu zehn ältere und/oder motorisch eingeschränkte Sicherungsverwahrte unterzubringen. In dieser Abteilung waren zum Zeitpunkt des 14. März 2019 vier Sicherungsverwahrte untergebracht, zwei von ihnen älter als 60 Jahre. Hinsichtlich der angebotenen Freizeitmaßnahmen und deren Gestaltung wird nach Angaben des Niedersächsischen Justizministeriums auf die Bedürfnisse von älteren bzw. motorisch eingeschränkten Personen geachtet. Den Sicherungsverwahrten stehen ein spezieller Fitnessraum sowie eine entsprechende Gemeinschaftsküche zur Verfügung. Die Rückmeldungen der hier untergebrachten Sicherungsverwahrten werden als durchaus positiv bezeichnet.

Andere besondere Einrichtungen gerade für den Freiheitsstrafenvollzug an alten Gefangenen sind in Niedersachsen nicht vorhanden oder geplant. Die in Niedersachsen neu errichteten Justizvollzugsanstalten in Oldenburg, Rosdorf, Sehnde und Bremervörde sind jedoch barrierearm bzw. barrierefrei gebaut, sodass Belange behinderter und/oder älterer Menschen Berücksichtigung finden können. Besondere Vollzugskonzepte für Lebensältere gibt es in Niedersachsen nicht.

10. *Nordrhein-Westfalen*

Im nordrhein-westfälischen Justizvollzug stehen insgesamt 174 Haftplätze für lebensältere Inhaftierte zur Verfügung. 30 Haftplätze sind im offenen Vollzug der Justizvollzugsanstalt Attendorn vorgesehen, 87 im offenen Vollzug der Justizvollzugsanstalt Bielefeld-Senne, 9 im offenen Vollzug der Justizvollzugsanstalt Castrop-Rauxel, 22 im geschlossenen Vollzug der Justizvollzugsanstalt Detmold, 10 im offenen Vollzug der Justizvollzugsanstalt Moers-Kapellen und 16 im geschlossenen Vollzug der Justizvollzugsanstalt Rheinbach. Demnach gibt es 136 Haftplätze für ältere Gefangene im offenen Vollzug und 38 im geschlossenen Vollzug.

Die Einrichtung der Abteilungen für lebensältere Gefangene soll bedarfsgerecht erfolgen. Zu Jahresbeginn 2018 wurde die Haftplatzkapazität der Abteilung für Lebensältere der Justizvollzugsanstalt Attendorn von 24 auf 30 Haftplätze erweitert.

Die Ausgestaltung, Behandlung und Betreuung ist im Seniorenstrafvollzug auf die Bedürfnisse lebensälterer Gefangener zugeschnitten. Der Vollzug zielt auf ein gelingendes Altern in Haft und auf eine erfolgreiche Wiedereingliederung.

Der geschlossene Vollzug an Lebensälteren in Nordrhein-Westfalen zeichnet sich – so das dortige Justizministerium – durch eine barrierefreie Unterbringung, Haltegriffe in den Duschen und erhöhte Betten aus. Es gibt altersspezifische Sport- und Freizeitmöglichkeiten zur Erhaltung der geistigen und körperlichen Mobilität wie z. B. Funktionsgymnastik, Gesellschaftsspiele, Backkurse und Gedächtnistraining. Die in den jeweiligen Abteilungen eingesetzten Bediensteten erfahren spezielle Schulungen durch differenzierte Weiterbildungsmaßnahmen – etwa zum Erkennen von und zum Umgang mit Demenzerkrankungen. Zu bestimmten Zeiten können sich die Inhaftierten in den Abteilungen des geschlossenen Vollzugs frei bewegen. Hinsichtlich der sozialen Beratung werden Schwerpunkte auf spezielle Fragestellungen wie bspw. Rentenbeantragung, Entlassungsvorbereitung oder die Unterbringung in einem Altersheim nach der Entlassung gelegt.

In den Abteilungen des offenen Vollzugs an Lebensälteren in Nordrhein-Westfalen liegt ein Schwerpunkt auf der Entlassungsvorbereitung. Als wesentlich angesehen werden zudem die Klärung von Rentenansprüchen und die Prüfung der Unterbringung in einem Seniorenheim.

Grundsätzlich setzt Nordrhein-Westfalen jedoch auf eine altersgemischte Unterbringung der Inhaftierten und entscheidet einzelfallbezogen, bei wem eine Unterbringung in einer der oben genannten Abteilungen in Frage kommt und sinnvoll erscheint. In Detmold stehen die Haftplätze Inhaftierten zur Verfügung, die älter als 62 sind.

Für ältere weibliche Inhaftierte ist eine spezielle Unterbringung nicht vorgesehen.

11. Rheinland-Pfalz

In Rheinland-Pfalz erfolgt keine gesonderte Unterbringung älterer Gefangener. Auch im altersgemischten Vollzug soll nach Ansicht des rheinland-pfälzischen Ministeriums der Justiz und für Verbraucherschutz auf die Belange von älteren Gefangenen ausreichend eingegangen werden können.

12. Saarland

Im Saarland gibt es keine speziellen Einrichtungen oder Abteilungen für den Strafvollzug an älteren Gefangenen. Derartige Einrichtungen sind auch nicht geplant. Die weiblichen Inhaftierten aller Altersgruppen werden im Rahmen einer Länderkooperation in der rheinland-pfälzischen Justizvollzugsanstalt Zweibrücken untergebracht.

Zum Stichtag 15. Januar 2019 befanden sich insgesamt 28 Gefangene in saarländischen Justizvollzugsanstalten, die älter als 60 Jahre sind.

13. Sachsen

In Sachsen existiert in der Justizvollzugsanstalt Waldheim eine spezielle Seniorenstation. In dieser stehen 54 Haftplätze für ältere und deutlich vorgealterte Gefangene zur Verfügung.

Die Gestaltung des Vollzugsalltags wurde auf die besonderen Bedürfnisse älterer Inhaftierter abgestimmt und es erfolgten bauliche und personelle Anpassungsmaßnahmen.

In der Seniorenstation gilt ein geänderter Tagesablaufplan mit zusätzlichen Aufschlusszeiten, sodass sich die Gefangenen frei bewegen und uneingeschränkt miteinander interagieren können. Daneben steht ihnen zusätzliche Zeit für den Aufenthalt im Freien zur Verfügung. Es werden ergotherapeutische Angebote unterbreitet, die zur Tagesstrukturierung und zur Erhaltung der körperlichen und geistigen Fähigkeiten dienen. Die Ergotherapie umfasst Gruppenmaßnahmen wie Garten- und Bewegungstherapie, kreative Gestaltung und Hirnleistungstraining sowie Einzelmaßnahmen wie Mobilitätstraining nach Krankheit und Verletzungen. Weitere Angebote umfassen Stimulationsbehandlungen wie Schröpfen, Massage und Wärmebehandlungen sowie den gezielten Muskelaufbau nach Operationen.

In der Station stehen zwei Ergometer, eine Billardplatte sowie eine Tischtennisplatte zur freien Verfügung. Insgesamt werden gemeinschaftliche, gesellige Aktivitäten wie die Durchführung von Gesellschaftsspielen oder gemeinsame Kaffee- und Gesprächsrunden durch das gesamte Stationsteam gefördert.

In baulicher Hinsicht ist u. a. ein Behandlungsraum für täglich notwendige medizinische Verrichtungen wie Verbandswechsel, Blutdruck- und Blutzuckerkontrollen, Verabreichung von Spritzen usw. eingerichtet. Es wurde für Duschhalterungen, Duschstühle und rutschfeste Duschmatten gesorgt. Pflegebetten und Betterhöhungen hat man angeschafft, teilweise sind Notrufsysteme im Bereich der Betten angebracht. Türschwellen und sonstige Stolperquellen wurden entfernt und es wurden Laufhilfen in den Stationsgängen befestigt sowie eine medizinische Wanne bereitgestellt.

In Sachsen wird der spezifische Pflegeaufwand in der Seniorenabteilung von Bediensteten des Medizinischen Dienstes geleistet. Dieser bietet den Betroffenen Unterstützung in verschiedenen Bereichen wie der Minimalpflege und Hilfe bei alltäglichen Situationen (Ankleiden, Körperhygiene, Nahrungseinnahme), bei der Durchführung von medizinischen Anwendungen (Verbandswechsel, Dauermedikation, Rotlicht, Blutdruck- und Blutzuckerkontrolle) sowie beim Mobilitätstraining zur Vermeidung von gesundheitlichen Schäden bei dauerhaftem Liegen.

Die Bediensteten des allgemeinen Vollzugsdienstes achten zudem in besonderer Weise darauf, die alten Gefangenen anzusprechen und anzuregen sowie den Stationsalltag abwechslungsreich zu gestalten.

In die Älterenabteilung der Justizvollzugsanstalt Waldheim werden männliche Strafgefangene aufgenommen, die 55 Jahre oder älter sind oder die an erheblichen physischen oder psychischen Einschränkungen leiden, welche eine spezielle Unterbringung oder Förderung notwendig machen. Zusätzlich sollte die noch verbleibende Mindesthaftzeit bei mindestens zwölf Monaten liegen, damit eine erfolgreiche Eingewöhnung in die neue Umgebung gewährleistet ist.

Auch Sachsen befürwortet die Unterbringung älterer Gefangener im allgemeinen Justizvollzug. Eine Verlegung in die Seniorenabteilung der Justizvollzugsanstalt Waldheim erfolgt dann, wenn ältere Inhaftierte im allgemeinen Justizvollzug benachteiligt wären oder wenn ein besonderer Betreuungs- oder Förderungsbedarf vorliegt oder entsteht.

Für weibliche Inhaftierte gibt es im sächsischen Justizvollzug keine besonderen Einrichtungen oder Abteilungen.

Zum Stichtag 17. Januar 2019 waren 36 Haftplätze der Altenstation der Justizvollzugsanstalt Waldheim mit Gefangenen belegt, die 60 Jahre oder älter sind.

Es wird davon ausgegangen, dass der spezielle Altenstrafvollzug von den Betroffenen eher als positiv empfunden wird.

14. Sachsen-Anhalt

Sachsen-Anhalt verfügt über keine eigenen Anstalten oder Abteilungen speziell für ältere Inhaftierte. Eine Änderung ist nicht beabsichtigt. Auf die konkreten Belange und Bedürfnisse lebensälterer Gefangener soll bei der Unterbringung und Vollzugsgestaltung eingegangen werden.

15. Schleswig-Holstein

In Schleswig-Holstein bestehen keine besonderen Einrichtungen oder Abteilungen für ältere männliche oder weibliche Strafgefangene.

Es ist jedoch geplant, eine Abteilung für ältere männliche Strafgefangene mit 6 bis 10 Haftplätzen im Rahmen einer Hafthauserweiterung der

Justizvollzugsanstalt Lübeck einzurichten.[273] Bei deren Planung wird angedacht, die Baulichkeiten auf alte und dadurch ggf. auch gehandicapte Gefangene auszurichten und ausreichendes Personal verschiedener Berufsgruppen vorzuhalten. Es sollen spezielle Betreuungs-, Behandlungs- und Freizeitangebote bereitgestellt werden. Im Hinblick auf Arbeits- und Beschäftigungsmöglichkeiten sind Pensum und Pausen mit den Möglichkeiten der älteren Gefangenen abzugleichen. Es soll vermehrt Physiotherapie angeboten werden und ebenfalls im Alter Suchtberatung stattfinden. Zudem wird ein regelmäßiges seelsorgerisches Angebot bei alten Gefangenen als besonders wichtig angesehen.

Das Lebensalter stellt bei der Zuweisung in eine solche Abteilung nicht die einzige Entscheidungsgrundlage dar. Es bleibt zu prüfen, ob aufgrund des höheren Lebensalters oder angesichts gesundheitlicher Einschränkungen der jeweilige ältere Gefangene in einer solchen Abteilung sinnvoll untergebracht ist.

In der Justizvollzugsanstalt Lübeck gibt es das Projekt „Sozialpädagogische Assistenz für ältere Gefangene“, das die Inhaftierten intensiv annehmen. Bei diesem werden ältere Gefangene durch einen pensionierten ehemaligen Vollzugsabteilungsleiter unterstützend begleitet.

16. Thüringen

In Thüringen bestehen keine speziellen Einrichtungen oder Abteilungen für den Altenstrafvollzug und solche sind auch nicht geplant.

III. Ergebnisse

1. Zu Punkt 1: Gibt es in dem Bundesland derzeit spezielle Einrichtungen oder Abteilungen für den Altenstrafvollzug? Sind solche ggf. geplant?

Es lässt sich festhalten, dass lediglich in vier der sechzehn Bundesländer separate Abteilungen oder Einrichtungen für den Strafvollzug an älteren (männlichen) Gefangenen vorhanden sind.

In Baden-Württemberg findet sich in der Justizvollzugsanstalt Konstanz – Außenstelle Singen –[274] die bundesweit einzige separate Einrichtung für den

273 Mit einer Fertigstellung ist nach Angaben des schleswig-holsteinischen Ministeriums für Justiz, Europa, Verbraucherschutz und Gleichstellung frühestens 2023 zu rechnen.

274 Zur Außenstelle Singen der Justizvollzugsanstalt Konstanz siehe Albeck, Strafvollzug an älteren Gefangenen in der Justizvollzugsanstalt Konstanz, Außenstelle Singen, in: Psychotherapie im Alter 3/2011 online abrufbar unter: http://www.psychotherapie-im-alter.de/index.php?id=jva_konstanz_singen&L=1%27, letzter Aufruf 07.04.2019); Albeck, Die AG „Übergangsmanagement für alte Gefangene“ in Baden-Württemberg, in: FS 1/2015, S. 28 ff.

Altenstrafvollzug. Daneben verfügen die Bundesländer Hessen, Nordrhein-Westfalen und Sachsen über spezielle Abteilungen für den Strafvollzug an Lebensälteren. In Hessen gibt es für ältere Gefangene in der Justizvollzugsanstalt Schwalmstadt die Abteilung Kornhaus[275] sowie eine separate Station in der Justizvollzugsanstalt Weiterstadt. In Nordrhein-Westfalen existieren sogar in sechs verschiedenen Justizvollzugsanstalten des offenen oder geschlossenen Vollzugs Abteilungen für lebensältere Inhaftierte. Hier ist vor allem die Abteilung in der Justizvollzugsanstalt Detmold mit 22 Haftplätzen im geschlossenen Vollzug zu nennen.[276] Weitere Abteilungen für Senioren sind darüber hinaus in den Justizvollzugsanstalten Attendorn, Bielefeld-Senne, Castrop-Rauxel, Moers-Kapellen, Rheinbach. In Sachsen besteht in der Justizvollzugsanstalt Waldheim[277] eine spezielle Seniorenstation.

Die Bundesländer Bayern, Berlin, Brandenburg, Bremen, Hamburg, Mecklenburg-Vorpommern, Niedersachsen, Rheinland-Pfalz, Saarland, Sachsen-Anhalt, Schleswig-Holstein und Thüringen verzichten auf eine separate Unterbringung alter Gefangener. In diesen Bundesländern wird die hier behandelte Altersgruppe grundsätzlich im Normalvollzug untergebracht. Allerdings zeigen auch die Länder ohne spezielle Abteilungen Problembewusstsein, was den Vollzug an lebensälteren Verurteilten betrifft, und gestalten die Vollzugspraxis insoweit im Rahmen ihrer Möglichkeiten.

In Baden-Württemberg, Bayern, Mecklenburg-Vorpommern und Schleswig-Holstein sind (weitere) altersspezifische Abteilungen langfristig angedacht.

Dass es sich bei altersspezifischen Vollzugsformen eher um eine Ausnahme handelt, ist auf die zwar steigende, aber immer noch vergleichsweise geringe Anzahl alter Menschen im Strafvollzug zurückzuführen. Sofern besondere

275 Zur Abteilung Kornhaus der Justizvollzugsanstalt Schwalmstadt siehe Fleck, Zur Fortentwicklung des Seniorenvollzugs aus vollzugspraktischer Sicht – dargestellt am Modell Kornhaus (JVA Schwalmstadt, Hessen), in: FS 6/2014, S. 409 ff.; Porada, Seniorenabteilung: Gemeinsame (altersgerechte) Unterbringung älterer oder zielgruppenspezifischer Behandlungsvollzug, in: KrimPäd 45/2007, S. 23 ff.; speziell zum Übergangsmanagement im hessischen Justizvollzug siehe Weilbächer/Klein, Zielgruppenorientiertes Übergangsmanagement im hessischen Justizvollzug, in: FS 2/2009, S. 67 ff.

276 Zur Lebensälterenabteilung der Justizvollzugsanstalt Detmold siehe Zahn, Die Lebensälterenabteilung der JVA Detmold, in: FS 6/2014, S. 404 ff.

277 Zur Seniorenstation der Justizvollzugsanstalt Waldheim siehe Die Bediensteten der Seniorenstation der JVA Waldheim, Die Seniorenstation der JVA Waldheim, in: FS 1/2015, S. 13 ff.

Einrichtungen oder Abteilungen für den Altenstrafvollzug bestehen, ist das in eher bevölkerungsstarken Bundesländern der Fall.

Es wird darüber diskutiert, ob alte Gefangene gemeinsam mit Inhaftierten aller Altersgruppen oder getrennt von diesen in speziellen Seniorenanstalten untergebracht werden sollen.[278] Dabei spielen einerseits vollzugspraktische Überlegungen eine Rolle, aber auch solche zu einem angemessenen Umgang mit alten Menschen sind nicht zu vernachlässigen.

Als Vorteile einer separaten Unterbringung alter Gefangener lassen sich anführen:

- Die verbesserte Möglichkeit der altersadäquaten Gestaltung des Vollzugsalltags in Form eines altersspezifischen Behandlungs- und Betreuungsangebots.
- Die Chance der altersgerechten Unterbringung, was vor allem die Ausstattung der Hafträume und die bauliche Gestaltung der Justizvollzugsanstalt im Allgemeinen betrifft.
- Die notwendige medizinische Versorgung und ggf. Pflege kann durch den Einsatz von spezifisch geschultem Personal leichter sichergestellt werden.
- Es besteht eher die Möglichkeit der Zusammenarbeit verschiedener Berufsgruppen mit jeweils geriatrischem Hintergrund, was zu einer Lösung das Alter betreffender Probleme beiträgt.
- Geringere Sicherheitsaufwendungen im Hinblick auf die innere Ordnung und auch im Hinblick auf den Schutz der Allgemeinheit (was die mit der getrennten Unterbringung verbundenen höheren Kosten relativiert).

Neben diesen Vorteilen, die für eine getrennte Unterbringung alter Gefangener sprechen, lassen sich jedoch auch Gesichtspunkte ausmachen, welche eine gemeinsame Unterbringung sinnvoll und vorzugswürdig erscheinen lassen:

278 Siehe dazu Bieneck, Überlegungen zur Unterbringung von älteren Inhaftierten im Berliner Justizvollzug, in: FS 1/2015, S. 16 ff.; Dünkel, Alte Menschen im Strafvollzug, in: ZfStrVo 1991, S. 351, 357; Görgen/Greve, Alte Menschen in Haft: der Strafvollzug vor den Herausforderungen durch eine wenig beachtete Personengruppen, in: BewHi 2/2005, S. 125 ff.; Greve/Mößle, Alt(ern) hinter Gittern – Strafe ohne Aussicht?, in: KrimPäd 45/2007, S. 4; Porada, Seniorenabteilung: Gemeinsame (altersgerechte) Unterbringung älterer Gefangener oder zielgruppenspezifischer Behandlungsvollzug, in: KrimPäd 45/2007, S. 25; Rennhak, Alte Menschen im Justizvollzug – Erfahrungen aus Baden-Württemberg, in: KrimPäd 45/2007, S. 19 ff.; Schollbach/Krüger, Alte Menschen im Strafvollzug, in: FS 3/2009, S. 130 ff.

- Es besteht eher die Möglichkeit zu einer heimatnahen Unterbringung. Dies erleichtert die angestrebte Resozialisierung, da die Unterbringung in Heimatnähe das Aufrechterhalten bestehender sozialer Kontakte vereinfacht.
- Durch den Umgang mit jüngeren Menschen wird dem geistigen und körperlichen Verfall der Lebensälteren entgegengewirkt.
- Das Herrschen eines positiven Vollzugsklimas, da die alten Gefangenen durch ihre häufig ruhigere und zurückhaltendere Art deeskalierend wirken können.[279]
- Bewusstseinsschärfungen auf Seiten der jüngeren Inhaftierten, denen durch ihre alten Mitgefangenen vor Augen geführt wird, dass Lebenszeit kostbar ist.
- Der Isolierung alter Gefangener und den damit verbundenen negativen Gefühlen auf Seiten der Betroffenen wird entgegengewirkt.

Angesichts der gewonnenen Erkenntnisse lassen sich drei verschiedene Unterbringungsmöglichkeiten unterscheiden.

Zum einen die gänzlich separate und zentrierte Unterbringung alter Gefangener, wie sie derzeit in der Außenstelle Singen der Justizvollzugsanstalt Konstanz in Baden-Württemberg praktiziert wird. Eine solche trägt zwar in vollzugspraktischer Sicht den Bedürfnissen älterer Menschen bestmöglich Rechnung. Allerdings wird aufgrund der zwar steigenden, aber immer noch recht geringen Gefangenenzahlen keine flächendeckende Versorgung mit solchen Spezialanstalten möglich sein.[280] Dies hat erhebliche negative Auswirkungen auf die Außenkontakte der alten Gefangenen während des Vollzugs, da eine heimatnahe Unterbringung nicht gewährleistet ist.[281] Zudem besteht bei einer solchen zentrierten Unterbringung außerdem die Gefahr der sozialen Ausgrenzung alter inhaftierter Menschen.

Neben der gänzlich separaten und zentrierten Unterbringung in einer räumlich eigenständigen Vollzugseinrichtung kommt eine Unterbringung in separaten Abteilungen des Normalvollzugs in Betracht, so wie sie in den Abteilungen der Justizvollzugsanstalten Schwalmstadt, Weiterstadt, Attendorn, Bielefeld-Senne, Castrop-Rauxel, Detmold, Moers-Kapellen, Rheinbach und Waldheim in Hessen, Nordrhein-Westfalen und Sachsen praktiziert wird. In solchen kann einerseits auf die Belange der älteren Gefangenen in besonderem Maße

279 Dazu kritisch Fichte, Strafvollzug an älteren Menschen – ein Plädoyer für eine eigene Vollzugsform, in: KrimPäd 45/2007, S. 34.

280 Schramke, Alte Menschen im Strafvollzug, 1996, S. 401.

281 Im Teil III C. III. 4. wurde herausgearbeitet, dass gerade für alte Menschen der Kontakt mit der Außenwelt von erheblicher Bedeutung ist.

eingegangen werden. Andererseits treten die Probleme, die zuvor im Hinblick auf räumlich eigenständige Altenstrafvollzugsanstalten genannt wurden, nur in abgeschwächter Form auf. Die heimatnahe Unterbringung ist zumindest in der Form gewährleistet, wie sie für sämtliche Verurteilte möglich bleibt. Zudem sind die älteren Inhaftierten zwar separiert, aber nicht komplett abgeschoben, sodass sich die soziale Ausgliederung der Alten in Grenzen hält.

Die letzte und am wenigsten vorzugswürdige Form der Unterbringung ist diejenige, die alten Gefangenen im regulären Vollzug unterzubringen. Zwar kann die Vollzugsbehörde sich bemühen, den Bedürfnissen der älteren Inhaftierten auch hier Rechnung zu tragen, allerdings ist eine altersgerechte Vollzugsgestaltung bei Unterbringung im Normalvollzug nicht zwangsläufig sichergestellt. Vielmehr wird es von Einzelfällen abhängen, ob bspw. altersgerechte Hafträume in unteren Stockwerken zur Verfügung stehen oder ob gerade genug alte Menschen inhaftiert sind, um eine altersspezifische Behandlungsmaßnahme wie Ergotherapie anzubieten.

2. Zu Punkt 2: Wodurch unterscheiden sich die speziellen Einrichtungen bzw. Abteilungen für den Altenstrafvollzug von den „normalen" Einrichtungen? Gibt es Unterschiede bei der Gestaltung des Vollzugsalltags?

Jedes der vier Bundesländer, das für alte Gefangene besondere Vollzugseinrichtungen bzw. -abteilungen vorsieht, betrachtet es als besonderes Anliegen, die alten inhaftierten Menschen bei einem gelingenden Altern zu unterstützen. Wesentliche Aspekte sind dabei, einen strukturierten Tagesablauf zu gewährleisten und die durch die Haft auftretenden zusätzlichen Beschränkungen möglichst gering zu halten.

Im Hinblick auf alte Gefangene muss es im Strafvollzug das oberste Ziel sein, diese geistig und körperlich fit zu halten und ihnen ihre Selbständigkeit zu bewahren.[282]

282 Hier gilt im Wesentlichen das, was bereits im Zwischenfazit in Teil III C. III. 7. ausgeführt wurde.

3. *Zu Punkt 3: Nach welchen Kriterien erfolgt eine Unterbringung von älteren Straftätern in die speziellen Einrichtungen des Altenstrafvollzugs?*

Sofern in Vollzugseinrichtungen eigenständige Bereiche für den Strafvollzug an älteren Gefangenen vorgesehen sind, gehen diese von unterschiedlichen Unterbringungsvoraussetzungen aus, was vor allem auch die vorgesehenen Altersgrenzen betrifft. Während in Baden-Württemberg die Altersgrenze bei 62 Jahren gezogen wird, liegt sie in Hessen bei 55 Jahren (Abteilung „Kornhaus" der Justizvollzugsanstalt Schwalmstadt) bzw. 60 Jahren (Abteilung der Justizvollzugsanstalt Weiterstadt), in Nordrhein-Westfalen bei 62 Jahren (Abteilung der Justizvollzugsanstalt Detmold) und in Sachsen bei 55 Jahren. Das Lebensalter allein spielt bei der Unterbringung jedoch nicht die Hauptrolle. Daneben werden weitere Faktoren wie etwa die Eignung für die mit mehr Freiheiten verbundene Vollzugsform, eine besondere Haftempfindlichkeit oder ein besonderer Betreuungs- oder Förderungsbedarf relevant.

Aufgrund dessen, dass es sich bei der Gruppe der lebensälteren Inhaftierten um eine äußerst heterogene Gruppe handelt, deren Mitglieder sich bereits im Hinblick auf ihre Vorstrafen, kriminelle Energie und ihren Gesundheitszustand unterscheiden, erscheint es sinnvoll, die Unterbringung in altersspezifischen Einrichtungen oder Abteilungen nicht von starren Kriterien abhängig zu machen, sondern einzelfallbezogen zu entscheiden.

Welche Justizvollzugsanstalt für den Vollzug einer Freiheitsstrafe sachlich und örtlich zuständig ist, richtet sich nach dem jeweiligen Vollstreckungsplan,[283] vgl. § 152 Abs. 1 StVollzG, § 20 S. 1 JVollzGB I BW, Art. 174 BayStVollzG, § 110 Abs. 1 StVollzG Bln, § 116 Abs. 1 BbgJVollzG, § 103 Abs. 1 BremStVollzG, § 112 HmbStVollzG, § 71 Abs. 1 HStVollzG, § 102 Abs. 1 StVollzG M-V, § 185 S. 1 NJVollzG, § 104 Abs. 1 StVollzG NRW, § 113 Abs. 1 LJVollzG RLP, § 102 Abs. 1 SLStVollzG, § 115 Abs. 1 SächsStVollzG, § 115 Abs. 1 JVollzGB LSA, § 142 Abs. 1 LStVollzG SH, § 114 Abs. 1 ThürJVollzGB.

Nach dem Bundesstrafvollzugsgesetz und den Landesstrafvollzugsgesetzen besteht für die zuständige Vollzugsbehörde jedoch die Möglichkeit, durch die Verlegung eines Inhaftierten auf dessen individuelle Bedürfnisse und Entwicklungen zu reagieren, um ihm so einen möglichst humanen und zielführenden Strafvollzug zu gewährleisten. Eine Verlegung lebensälterer Inhaftierter in eine Altenstrafvollzugseinrichtung oder -abteilung ist vor allem denkbar aus den in

283 Laubenthal, Strafvollzug, 8. Aufl. 2019, Rdn. 344; Laubenthal/Nestler, Strafvollstreckung, 2. Aufl. 2017, Rdn. 84.

§ 8 Abs. 1 Nr. 1 und 2 StVollzG, § 6 Abs. 1 Nr. 1 und 4 JVollzGB III BW, Art. 10 Abs. 1 Nr. 1 und 2 BayStVollzG, § 17 Abs. 1 Nr. 1 und 3 StVollzG Bln, § 24 Abs. 1 S. 1 und Abs. 2 BbgJVollzG, § 16 Abs. 1 BremStVollzG, § 9 Abs. 1 HmbStVollzG, § 11 Abs. 1 Nr. 1 und 3 HStVollzG, § 16 Abs. 1 StVollzG M-V, § 10 Abs. 1 Nr. 1 und 5 NJVollzG, § 11 Abs. 1 Nr. 1 und 3 StVollzG NRW, § 23 Abs. 1 S. 1 und Abs. 2 LJVollzG RLP, § 16 Abs. 1 SLStVollzG, § 16 Abs. 1 Nr. 1 und 2 SächsStVollzG, § 23 Abs. 1 S. 1 und Abs. 2 JVollzGB LSA, § 17 Abs. 1 LStVollzG SH, § 23 Abs. 1 S. 1 und Abs. 2 ThürJVollzGB genannten Verlegungsgründen, namentlich, wenn die Behandlung des Gefangenen oder seine Eingliederung nach der Entlassung hierdurch gefördert wird oder wenn dies aus Gründen der Vollzugsorganisation oder aus anderen wichtigen Gründen erforderlich ist.

Im Hinblick auf eine angestrebte Verlegung bleibt noch zu berücksichtigen, dass es für ein Abweichen vom Vollstreckungsplan gemäß § 26 Abs. 2 StrVollstrO der Zustimmung der höheren Vollzugsbehörde bedarf. Diese Zustimmung kann – vorbehaltlich einer anderweitigen landesrechtlichen Regelung – als erteilt gelten, wenn die von der Verlegung betroffenen Justizvollzugsanstalten Einvernehmen über die beabsichtigte Verlegung erzielen. Untersteht die Vollzugsanstalt, in die verlegt werden soll, einer anderen höheren Vollzugsbehörde des Landes, so muss auch diese zustimmen. Soll in die Vollzugsanstalt eines anderen Landes verlegt werden, so bedarf es einer Einigung der obersten Vollzugsbehörden beider Länder.

4. *Zu Punkt 4: Gibt es auch Altenstrafvollzugseinrichtungen für weibliche Inhaftierte?*

In keinem Bundesland gibt es Altenstrafvollzugseinrichtungen speziell für weibliche Inhaftierte.

Dies dürfte dem Umstand geschuldet sein, dass der Anteil lebensälterer weiblicher Inhaftierter verschwindend gering ist. Es befanden sich am 31.03.2017 bundesweit insgesamt nur 168 Frauen im Alter von 60 Jahren und mehr im Vollzug der Freiheitstrafe,[284] die meisten von diesen untergebracht in Baden-Württemberg (20), Bayern (36) und Nordrhein-Westfalen (42). In Berlin waren es an dem genannten Stichtag 11, in Brandenburg und Hamburg jeweils 4, in Hessen 7, in Mecklenburg-Vorpommern 5, in Niedersachsen 12, in Rheinland-Pfalz 13, in Sachsen 8, in Sachsen-Anhalt und Thüringen jeweils eine und in Schleswig-Holstein 4. In Bremen und im Saarland befand sich zu dem genannten Zeitpunkt keine Frau im Vollzug der Freiheitstrafe, die 60 Jahre oder älter war.

284 Siehe Tabelle 16 in Teil III D. I.

Dennoch bedarf es auch bezogen auf alte weibliche Inhaftierte einer besonderen Aufmerksamkeit, was den Strafvollzug betrifft.[285] Angesichts inhaftierter alter Frauen besteht die Gefahr der doppelten Benachteiligung. Aufgrund der ohnehin schon geringen Anzahl weiblicher Inhaftierter in deutschen Justizvollzugsanstalten erfolgt deren Unterbringung entweder in Zentralanstalten für Frauen der jeweiligen Bundesländer[286] oder in besonderen Abteilungen von Männerstrafanstalten. Soweit sie in Zentralanstalten untergebracht werden, findet die Unterbringung ohne eine zureichende Klassifizierung statt. Sofern sie in besonderen Abteilungen von Männerstrafanstalten untergebracht werden, befinden sie sich in Anstalten, deren Vollzugsablauf und Vollzugspersonal weitestgehend auf Männer ausgerichtet ist.[287] Bei alten weiblichen Inhaftierten kann es neben diesen geschlechtsbezogenen Nachteilen noch zu solchen im Rahmen der Vollzugsgestaltung aufgrund des Alters kommen, wenn keine altersgerechte Vollzugsgestaltung gewährleistet wird.

5. *Zu Punkt 5: Wie hoch ist die Zahl der Inhaftierten von 60 Jahren und älter, die derzeit in speziellen Einrichtungen oder Abteilungen des Altenstrafvollzugs untergebracht sind?*

In der Justizvollzugsanstalt Konstanz – Außenstelle Singen – waren im November 2018 bei einer Belegungsfähigkeit von 48 Haftplätzen durchschnittlich 37 Gefangene (im Alter von über 62 Jahren) untergebracht.

Die Alten-Abteilungen der Justizvollzugsanstalt Schwalmstadt und der Justizvollzugsanstalt Weiterstadt des Landes Hessen waren am Stichtag 20. Januar 2019 mit 30 bzw. 7 Gefangenen – älter als 60 Jahre – belegt.

Das Justizministerium des Landes Nordrhein-Westfalen vermochte es mangels entsprechender Erhebungen nur, Angaben zur Haftplatzkapazität zu machen. Zahlen zur tatsächlichen Belegung der insgesamt 174 zur Verfügung stehenden Haftplätze für alte Gefangene liegen insoweit nicht vor.

In der Alten-Abteilung der Justizvollzugsanstalt Waldheim in Sachsen waren zum Stichtag des 17. Januar 2019 36 Gefangene – älter als 60 Jahre – untergebracht.

---

285 Siehe dazu Dünkel, Alte Menschen im Strafvollzug, in: ZfStrVo 1991, S. 357, der in diesem Zusammenhang aufgrund des sonst geringen Anteils von Frauen im Strafvollzug von einer Überrepräsentation im Hinblick auf alte Frauen im Strafvollzug spricht.

286 Z. B. die Außenstelle Bühl der Justizvollzugsanstalt Karlsruhe oder die Justizvollzugsanstalt für Frauen in Vechta.

287 Laubenthal, Strafvollzug, 8. Aufl. 2019, Rdn. 689 f.

Wie bereits ausgeführt, sind die meisten der insgesamt 2 029 alten Strafgefangenen in Baden-Württemberg, Bayern und Nordrhein-Westfalen untergebracht. Es liegt also nahe, dass es in zweien dieser drei Bundesländer – in Baden-Württemberg und in Nordrhein-Westfalen – eigene Abteilungen bzw. Einrichtungen für den Altenstrafvollzug gibt.

Stellt man bezogen auf die vier Bundesländer mit besonderen Altenvollzugseinrichtungen die Zahlen der insgesamt im Freiheitsstrafenvollzug befindlichen Senioren denen der in Alteneinrichtungen befindlichen Gefangenen bzw. denen der dortigen Haftplätze gegenüber, so zeigt sich eine deutliche Divergenz. Allerdings ist ein direkter Vergleich nicht möglich, weil die Angaben des Statistischen Bundesamtes und die der jeweiligen Landesministerien auf unterschiedlichen Stichtagserhebungen beruhen. Die Gegenüberstellung verdeutlicht allerdings, dass es sich bei den jeweils in besonderen Senioreneinrichtungen befindlichen Gefangenen um eine recht überschaubare Anzahl Inhaftierter handelt, obgleich unter Umständen ein höherer Bedarf besteht.

So waren in Baden-Württemberg am Stichtag 31.03.2017 insgesamt 224 Gefangene im Alter von 60 Jahren oder mehr im Freiheitsstrafenvollzug untergebracht, jedoch nach Mitteilung des Ministeriums Baden-Württemberg im November 2018 nur 37 in der Außenstelle Singen der Justizvollzugsanstalt Konstanz. In Hessen lag die Zahl der im Freiheitsstrafenvollzug untergebrachten alten Gefangenen am Stichtag des 31.03.2017 bei 180 insgesamt und 37 Personen befanden sich nach Mitteilung des Hessischen Ministeriums am Stichtag 20.01.2019 im separaten Altenstrafvollzug. In Nordrhein-Westfalen ließen sich am Stichtag des 31.03.2017 insgesamt 475 Gefangene im Alter von 60 Jahren oder mehr im Freiheitsstrafenvollzug antreffen und nach Angaben des nordrhein-westfälischen Ministeriums der Justiz standen den alten Gefangenen am Stichtag 15.01.2019 insgesamt 174 Haftplätze zur Verfügung. In Sachsen waren am 31.03.2017 insgesamt 75 Gefangene im Alter von 60 Jahren oder mehr im Freiheitsstrafenvollzug untergebracht und nach Mitteilung des Staatsministeriums der Justiz Sachsen befanden sich am 17.01.2019 36 alte Gefangene in Altenvollzugsabteilungen.

Tabelle 21: Im Vollzug der Freiheitsstrafe untergebrachte alte Gefangene insgesamt im Vergleich zu den in speziellen Altenvollzugseinrichtungen untergebrachten Alten

Land	60 Jahre alte und ältere insgesamt (am 31.03.2017)[288]	60 Jahre alte und ältere im Altenstrafvollzug Untergebrachte
Baden-Württemberg	224	37[289]
Hessen	180	37[290]
Nordrhein-Westfalen	475	174[291]
Sachsen	75	36[292]

Die jeweils erkennbare deutliche Divergenz kann zum einen mit dem nicht unerheblichen Personalaufwand zusammenhängen. Zum anderen ist bei kleineren Gruppen eher gewährleistet, dass die altersgerechten Vollzugskonzepte bestmöglich umgesetzt werden. Darüber hinaus mag die innerhalb des Vollzugs gewährte Freizügigkeit für lebensältere Inhaftierte eine Rolle spielen. Zwar kommt eine Reduzierung des Sicherheitsaufwandes in Alteneinrichtungen in Frage. Die Sicherheit muss aber dennoch zwingend gewährleistet sein, was eher bei Überschaubarkeit der Räumlichkeiten und der Vollzugspopulation sichergestellt werden kann.

6. *Zu Punkt 6: Gibt es Erhebungen dazu, ob der spezielle Altenstrafvollzug von den betroffenen Inhaftierten als positiv oder negativ empfunden wird?*

In keinem der vier Bundesländer mit besonderen Einrichtungen oder Abteilungen für lebensältere Inhaftierte gibt es wissenschaftlich belastbare Erhebungen

288 Statistisches Bundesamt, Strafgefangene und Sicherungsverwahrte: Bundesländer, Stichtag, Nationalität, Geschlecht, Altersgruppen, Art des Vollzugs (online abrufbar über die Datenbank des Statistischen Bundesamtes "GENESIS-Online" mit dem Tabellencode 24321–0001: https://www-genesis.destatis.de/genesis/online/link/tabellen/24321-0001, letzter Aufruf 02.04.2019).

289 Im November 2018 nach Angaben des Ministeriums der Justiz und für Europa Baden-Württemberg.

290 Zum Stichtag des 20.01.2019 nach Angaben des Hessischen Ministeriums der Justiz.

291 Zum Stichtag des 15.01.2019 nach Angaben des Ministeriums der Justiz des Landes Nordrhein-Westfalen. Allerdings bezieht sich die Zahl auf die Haftplatzkapazität, nicht auf die tatsächliche Belegung.

292 Zum Stichtag des 17.01.2019 nach Angaben des Staatsministeriums der Justiz Sachsen.

dazu, ob diese besondere Vollzugsform als positiv oder negativ empfunden wird. Sowohl Baden-Württemberg wie auch Sachsen äußern sich jedoch dahingehend, dass die altersgerechten Angebote von den betroffenen Inhaftierten positiv bewertet und vielfältig genutzt werden.

Gerade diejenigen, die zuvor in Untersuchungshaft oder im Normalvollzug untergebracht waren oder bereits aus früheren Jahren Hafterfahrung haben, werden die Vorzüge der altersgerechten Vollzugsform eher zu schätzen wissen als diejenigen, welche direkt in entsprechenden Abteilungen oder Einrichtungen untergebracht sind und über keinerlei Hafterfahrung verfügen.

Teil IV: Bisherige Erkenntnisse

Der Anteil der älteren Menschen an der Bevölkerung wächst. Diese demographische Entwicklung spiegelt sich auch in den Kriminalitäts- und Strafverfolgungsstatistiken wider. Die Anzahl der Senioren hat sowohl im Hinblick auf die Tatverdächtigen wie auch im Hinblick auf die im Vollzug der Freiheitsstrafe Untergebrachten zugenommen.

Aufgrund der gestiegenen Lebenserwartung und des sehr individuell verlaufenden Alterungsprozesses kann man schwer festlegen, wann die Lebensphase des Alters beginnt. Eine nachvollziehbare Grenze lässt sich bei 60 Jahren ziehen.

Trotz ihres hohen Anteils an der Gesamtbevölkerung stellen die Alten einen – zwar steigenden, aber nach wie vor – geringen Anteil an der Gesamtkriminalität. Strukturell zeichnet sich die Kriminalität älterer Menschen eher durch leichte und weniger schwerwiegende Straftaten aus. Altersspezifische Delikte in dem Sinne, dass diese hauptsächlich von alten Menschen begangen werden, gibt es nicht. Bei Alterskriminalität handelt es sich nicht zwangsläufig um Erstkriminalität, das Ausmaß an Vorstrafen ist bei Senioren jedoch eher gering.

Die Ursachen der Kriminalität des Alters sind vielfältig. Altersabhängige wie auch altersunabhängige Theorien enthalten wertvolle Ansätze zur Erklärung der Gründe für eine Straffälligkeit alter Menschen. Die Inhalte dieser Theorien können kumulativ zur Begründung von Alterskriminalität herangezogen werden.

In einem Strafverfahren gibt es verschiedene Möglichkeiten, einem fortgeschrittenen Lebensalter Beachtung zu schenken. Diese Möglichkeiten erstrecken sich auf sämtliche Verfahrensabschnitte von dem Ermittlungsverfahren bis zu dem Vollstreckungsverfahren. Von besonderem Interesse sind die Abschnitte des Hauptverfahrens und des Vollstreckungsverfahrens, da hier aufgrund von vorhandener Rechtsprechung Besonderheiten im Hinblick auf alte Menschen gut herausgearbeitet werden können. Diese betreffen insbesondere die Prüfung der Schuldfähigkeit nach §§ 20, 21 StGB, den Vorgang der Strafzumessung und – was die Strafvollstreckung betrifft – die Möglichkeit der Strafunterbrechung nach § 455 StPO bzw. diejenige der Haftvermeidung oder Haftverkürzung nach § 56 oder §§ 57 ff. StGB.

Die Einführung eines generellen Altersstrafrechts bildet nicht die Lösung, um den Eigenheiten der durch Unterschiede geprägten Gruppe der Altersstraftäter gerecht zu werden. Im Allgemeinen vermag die derzeitige gesetzliche Ausgestaltung ausreichend Möglichkeiten anzubieten, um altersbedingte Besonderheiten in einem Strafverfahren angemessen zu berücksichtigen. Dennoch kann die

Einführung neuer Vorschriften, welche insbesondere alte Straftäter betreffen, bzw. die Modifikation einzelner bereits bestehender Regelungen von Vorteil sein.

Geht es um die Bestrafung einer lebensälteren Person, gilt es, gründlich zu prüfen, inwieweit die Verhängung von Strafe nach den bestehenden Strafzwecktheorien gerechtfertigt sein kann. Unter den Gesichtspunkten der negativen und der positiven Spezialprävention mag es unter Umständen eher sinnvoll erscheinen, von einer (Freiheits-)Strafe abzusehen als eine (Freiheits-)Strafe zu verhängen.

Für den Strafvollzug an alten Gefangenen gelten die Vorschriften des jeweils einschlägigen Landes- bzw. des Bundes-Strafvollzugsgesetzes. Der Freiheitsentzug stellt für die betroffenen Personen ein einschneidendes Erlebnis dar, welches gravierende Einschränkungen mit sich bringt. Für alte Gefangene kann der Freiheitsentzug noch belastender sein als für junge Gefangene oder solche mittleren Alters. In sämtlichen Phasen des Vollzugs – zu Beginn des Vollzugs, während des Vollzugs und bei Entlassung aus dem Vollzug – lassen sich für alte Gefangene erschwerende Umstände ausmachen. Hierauf hat die Justizvollzugsanstalt mit entsprechenden Maßnahmen zu reagieren. Die Ausgestaltung des Vollzugs muss an die Bedürfnisse der inhaftierten Senioren angepasst werden. Hier ist eine erhöhte Aufmerksamkeit gefordert, was die Unterbringung, den Bereich Arbeit, die Sachgebiete der Freizeit und Freizeitbeschäftigung, die Kontakte mit der Außenwelt, die Gesundheitsfürsorge, die Soziale Hilfe und die Entlassungsvorbereitung betrifft. Die mit einer Inhaftierung verbundenen Einschränkungen müssen gerade bei alten Gefangenen möglichst reduziert werden, damit sich diese nicht zusätzlich negativ auf den ohnehin schon voranschreitenden Alterungsprozess auswirken.

Ein weiteres Themenfeld, das bezogen auf inhaftierte Senioren eine Rolle spielt, ist das der Gefahr der Viktimisierung älterer Strafgefangener. Alte Gefangene stellen eine Minderheit im Normalvollzug dar und können aufgrund geistiger oder körperlicher Defizite besonders opferanfällig sein.

Mit steigender Anzahl lebensälterer Inhaftierter sehen sich die Justizvollzugsanstalten häufiger mit Fragen eines würdevollen Sterbens und einer angemessenen Sterbebegleitung im Strafvollzug konfrontiert, da das Alter oftmals mit Krankheit(en) verbunden ist. Die Justizvollzugsanstalten müssen eine umfassende Versorgung in medizinischer, pflegerischer, psychologischer und seelsorgerlicher Hinsicht gewährleisten, sofern eine Verlegung eines Sterbenskranken oder dessen Haftentlassung nicht in Betracht kommt.

Insgesamt zeigt sich, dass sich die Justizvollzugsanstalten, was den Strafvollzug an alten Gefangenen betrifft, mit vielen verschiedenen Herausforderungen konfrontiert sehen.

Die Situation der Vollzugspraxis im Hinblick auf lebensältere Gefangene wurde bereits im Abschnitt Teil III D. III. zusammengefasst. An dieser Stelle soll lediglich wiederholt werden, dass die Ausgestaltung des Strafvollzugs Ländersache ist und die Länder bzw. deren Justizvollzugsanstalten verschiedene Konzepte entwickelt haben, um den Bedürfnissen Lebensälterer Rechnung zu tragen. Während Baden-Württemberg in Singen auf eine spezielle Einrichtung ausschließlich für inhaftierte Senioren setzt, haben sich Hessen, Nordrhein-Westfalen und Sachsen für Altersabteilungen in Einrichtungen des Normalvollzugs entschieden. Der Großteil der Bundesländer verzichtet jedoch auf eine getrennte Unterbringung alter Gefangener. Unabhängig von dem gewählten Unterbringungskonzept bemühen sich die Bundesländer, mit Hilfe entsprechender Behandlungsmaßnahmen alte Menschen bestmöglich in den Vollzugsablauf zu integrieren und einem voranschreitenden Altersabbau entgegenzuwirken.

Teil V: Verbesserungsvorschläge und Alternativen

A. Allgemeines

Grundlage der vorliegenden Arbeit bildet die Fragestellung, inwieweit der Strafvollzug an alten Gefangenen einer besonderen Ausgestaltung bedarf. Die Aktualität dieser Fragestellung resultiert aus dem Umstand, dass der Anteil von Senioren im Strafvollzug über die letzten Jahrzehnte kontinuierlich gewachsen ist und künftig weiter wachsen wird. Demnach sieht sich der Strafvollzug zunehmend mit älteren Inhaftierten konfrontiert. Dieser Entwicklung lässt sich sowohl auf strafrechtlicher, strafverfahrensrechtlicher wie auch auf strafvollzugsrechtlicher Ebene begegnen.

B. Maßnahmen auf strafrechtlicher Ebene

I. Änderungen betreffend § 20, § 21 und § 46 StGB

Die Regelungen des § 20 StGB und des § 21 StGB zur Schuldunfähigkeit bzw. verminderten Schuldfähigkeit sollten um das Merkmal des fortgeschrittenen Lebensalters ergänzt werden.[293] Altersbedingte geistige Abbauerscheinungen lassen sich zwar unter den derzeitigen Gesetzeswortlaut subsumieren,[294] allerdings wird dadurch der Anschein erweckt, Alter sei gleichbedeutend mit einem krankhaften Zustand. Ebenso sollte die zentrale Vorschrift der Strafzumessung – § 46 StGB – in seinen Absatz 2 auch das hohe Lebensalter in den Beispielkatalog der Strafzumessungsgesichtspunkte aufnehmen.

---

293 Ebenso Kreuzer/Hürlimann, Alte Menschen in Kriminalität und Kriminalitätskontrolle – Plädoyer für eine Alterskriminologie, in: Kreuzer/Hürlimann, Alte Menschen als Täter und Opfer, Alterskriminologie und humane Kriminalpolitik gegenüber alten Menschen, 1992, S. 75.

294 Eschelbach, in: BeckOK-StGB, 41. Edition 2019, § 20 StGB Rdn. 13 (exogene Psychosen aufgrund von Beeinträchtigung durch massiven Altersabbau); Kühl, in: Lackner/Kühl, StGB, 29. Aufl. 2018, § 20 StGB Rdn. 4 (altersbedingte Hirnabbauprozesse wie Alzheimer oder senile Demenz); Streng, in: MüKo-StGB, 3. Aufl. 2017, § 20 StGB Rdn. 32 (psychische Abweichungen aufgrund von Alterungsprozessen).

II. Einführung einer Altenhilfe

Denkbar ist weiterhin die Einführung der Institution eines Altenhelfers.[295] Ähnlich wie bei der Jugendgerichtshilfe gem. § 38 JGG könnte man alten Menschen, die sich strafrechtlich verantworten müssen, jemanden zur Seite stellen, der sich einerseits mit der Person des alten Straftäters intensiv auseinandersetzt, entsprechende Erkenntnisse vor Gericht vorbringt und das Gericht im Hinblick auf eine individuell passende Rechtsfolge berät. Andererseits sollte diese Einrichtung aber auch dem Lebensälteren während des gesamten Strafverfahrens und ggf. während der Dauer des Strafvollzugs als Ansprechpartner und Bezugsperson zur Verfügung stehen, ihn beraten und unterstützen. Positiver Nebeneffekt der Einführung eines solchen Altenhelfers ist die Sensibilisierung der Gerichte für die Altersproblematik.[296]

Im Gerichtsverfassungsgesetz könnte das Organ des Altenhelfers z. B. im Anschluss an die Regelungen zur Staatsanwaltschaft (§ 141 bis § 152 GVG) angesiedelt werden. Die Möglichkeit, einen solchen Altenhelfer hinzuzuziehen, sollte bereits bei Personen gegeben sein, die 60 Jahre und älter sind. Eine verbindliche Hinzuziehung ergibt aufgrund des individuellen Alterungsprozesses erst später Sinn, etwa bei Erreichen einer Altersgrenze von 70 Jahren und immer dann, wenn Anhaltspunkte für ein entsprechendes Bedürfnis auf Seiten des Betroffenen zu erkennen sind. Bei dem Altenhelfer sollte es sich um eine fachlich kompetente Person aus dem sozialen Bereich handeln. Organisatorisch könnte die Altenhilfe an die kommunale Altenarbeit angegliedert werden. Eine Möglichkeit wäre das Einrichten entsprechender Seniorenbüros oder Altenzentren auf kommunaler Ebene.

III. Erweiterung des Rechtsfolgenkatalogs

1. Allgemeines

Fest steht, dass nicht gänzlich auf die Verhängung von Freiheitsstrafen zum Nachteil von alten Straftätern verzichtet werden kann. Man sollte jedoch darauf hinwirken, die freiheitsentziehenden Sanktionen bei Straftätern in fortgeschrittenem Lebensalter nur ausnahmsweise zu verhängen, sofern Schuldschwereaspekte keine andere Bewertung der Tat rechtfertigen.

---

295 Siehe dazu Poltrock, Gleichbehandlung oder altersentsprechende Differenzierung?, 2013, S. 402 ff.; Schramke, Alte Menschen im Strafvollzug, 1996, S. 350 ff.

296 Schramke, Alte Menschen im Strafvollzug, 1996, S. 351.

Dabei stellt sich die Frage, durch welche anderen Sanktionsformen eine Zurückdrängung der Freiheitsstrafe erreichbar ist. Freiheits- und Geldstrafe bilden die zwei Hauptstrafen des deutschen Strafrechts.[297] Aufgrund der oftmals schlechten wirtschaftlichen Situation von Senioren stellt die Geldstrafe unter Umständen keine passende Sanktionsform dar, da es unter Umständen zur Vollstreckung einer Ersatzfreiheitsstrafe kommt, wenn sich die Geldstrafe als uneinbringlich herausstellt, vgl. § 43 S. 1 StGB. Unabhängig vom Lebensalter des Straftäters werden verschiedene Alternativen als zusätzliche Sanktionen diskutiert wie der Täter-Opfer-Ausgleich und die Schadenswiedergutmachung, gemeinnützige Arbeit, das Fahrverbot und der elektronisch überwachte Hausarrest.[298]

Bezogen auf alte Straftäter können insbesondere der Täter-Opfer-Ausgleich und die Schadenswiedergutmachung, das Fahrverbot als Hauptstrafe und der elektronisch überwachte Hausarrest sinnvoll sein. Gemeinnützige Arbeit stellt wegen dem mit dem höheren Lebensalter verbundenen Eintritt in den Ruhestand bei alten Straftätern keine geeignete Alternative zur Vollstreckung einer stationären Sanktion dar.[299]

2. *Täter-Opfer-Ausgleich und Schadenswiedergutmachung*

Täter-Opfer-Ausgleich und Schadenswiedergutmachung sind in § 46a StGB gesetzlich normiert. Nach dieser Vorschrift kann das Gericht die Strafe nach § 49 Abs. 1 StGB mildern oder, wenn keine höhere Strafe als Freiheitsstrafe bis zu einem Jahr oder Geldstrafe bis zu dreihundertsechzig Tagessätzen verwirkt ist, von Strafe absehen. Neben der Berücksichtigung der Opferinteressen bezwecken auch Täter-Opfer-Ausgleich und Schadenswiedergutmachung die Auseinandersetzung des Täters mit seiner Tat und die Übernahme von Verantwortung für sein Handeln. Die bisherige Regelung eignet sich nur in Grenzen dazu, von Freiheitsstrafen abzusehen.[300] Bezogen auf alte Straftäter wäre es sinnvoll, den Anwendungsbereich dahingehend zu erweitern, dass ein Absehen von Strafe nach § 46a StGB auch dann zulässig ist, wenn eine höhere Freiheitsstrafe als Freiheitsstrafe bis zu 1 Jahr oder eine höhere Geldstrafe als Geldstrafe bis zu 360

---

297 Für alle Fischer, StGB, 66. Aufl. 2019, Vor § 38 StGB Rdn. 5.

298 Laubenthal, Strafvollzug, 8. Aufl. 2019, Rdn. 2.

299 Zur Ausgestaltung der gemeinnützigen Arbeit als eigenständige Sanktion siehe z.B. Feuerhelm, Stellung und Ausgestaltung der gemeinnützigen Arbeit im Strafrecht, 1997, S. 427 f.

300 Laubenthal, Strafvollzug, 8. Aufl. 2019, Rdn. 3.

Tagessätzen verwirkt ist – etwa Freiheitsstrafe bis zu 2 Jahren oder Geldstrafe bis zu 720 Tagessätzen[301].

Gerade bei den das kriminelle Verhalten der Lebensälteren kennzeichnenden Fällen leichter bis mittlerer Kriminalität stellen Täter-Opfer-Ausgleich und Schadenswiedergutmachung eine sinnvolle Alternative zum Strafvollzug dar. Die gewählte Ausgleichsleistung muss sicherstellen, dass der Sanktionscharakter der Maßnahme nicht verloren geht. Hierbei kann der bereits erwähnte Altenhelfer behilflich sein, unter Beachtung der wirtschaftlichen, körperlichen und geistigen Voraussetzungen des alten Täters einen dem Einzelfall gerecht werdenden Ausgleich zu finden.

Im Hinblick auf Wiedergutmachungsleistungen ist zunächst an finanzielle Entschädigungsleistungen zu denken, was bezogen auf die mitunter wirtschaftlich schlechte Situation alter Menschen nicht unproblematisch erscheint. Für solche Fälle kann man spezielle Opferfonds einrichten, wie sie bereits für jugendliche Straftäter existieren.[302] Über solche Opferfonds könnten den mittellosen Alten entweder zum Zwecke der finanziellen Restitutionsleistungen zinslose Darlehen gewährt werden oder von ihnen erbrachte gemeinnützige Arbeitsleistungen werden über Stundensätze aus den Mitteln des Opferfonds vergütet und an die Geschädigten ausgezahlt.

Neben den finanziellen Ausgleichsleistungen kommen auch bei alten Menschen immaterielle Ausgleichsleistungen in Betracht. Gemeinnützige Arbeitsleistungen können außerdem – wie gerade dargestellt – auch im Rahmen sog. Opferfonds von Bedeutung sein. Was immaterielle Ausgleichsleistungen betrifft, scheint es auf den ersten Blick bedenklich, dass viele der alten Beschuldigten aufgrund ihres höheren Lebensalters bereits im Ruhestand sind und dementsprechend im Strafvollzug von einer ggf. bestehenden Arbeitspflicht befreit wären.[303] Allerdings sollten die positiven Auswirkungen einer sinnvollen Beschäftigung für den Betroffenen nicht außer Acht bleiben. Einerseits eröffnet eine gemeinnützige Leistung ihm die Möglichkeit, sein Selbstwertgefühl durch einen Dienst für die Gesellschaft aufzubessern, was dem Gedanken der Resozialisierung Rechnung trägt. Darüber hinaus kann er auf diese Weise das von ihm begangene Unrecht ausgleichen. Entscheidend ist, dass bei immateriellen

301 Gem. § 40 Abs. 1 S. 2 StGB beträgt die Geldstrafe mindestens fünf und, wenn das Gesetz nichts anderes bestimmt, höchstens dreihundertsechzig volle Tagessätze.

302 Siehe dazu http://www.toa-ffm.de/opferfonds.htm (letzter Aufruf 18.04.2019) und https://die-bruecke-dortmund.de/mediation-neu/dortmund/toa-fuer-jugendliche2/opferfonds.html (letzter Aufruf 18.04.2019).

303 Siehe dazu Teil III C. III. 2.

Ausgleichsleistungen – etwa in Form von gemeinnütziger Arbeit – die Leistungsfähigkeit des alten Straftäters genau in Augenschein genommen und ihm individuell passende Tätigkeit in angemessenem Umfang auferlegt wird. Es erscheint also auch denkbar, beim Ausmaß der zu verrichtenden Aktivitäten hinter demjenigen zurückzubleiben, das man bei einer vergleichbaren Tatschuld für einen jüngeren Verurteilten festsetzen würde. Eine schematische Festlegung, wie sie sich in den Regelungen zur Substitution der Ersatzfreiheitsstrafe durch gemeinnützige Arbeit (Art. 293 EGStGB) finden[304], verbieten sich vorliegend.

3. *Fahrverbot als Hauptstrafe*

Das Fahrverbot stellt nach geltendem Recht eine Nebenstrafe dar, die neben Freiheits- oder Geldstrafe verhängt werden kann.[305] Gem. § 44 Abs. 1 S. 1 StGB darf das Gericht jemandem, der wegen einer Straftat zu einer Freiheitsstrafe oder einer Geldstrafe verurteilt wird, verbieten, für die Dauer von einem Monat bis zu sechs Monaten im Straßenverkehr Kraftfahrzeuge jeder oder einer bestimmten Art zu führen. In seiner momentanen Ausgestaltung kommt dem Fahrverbot eher eine respressive als eine präventive Funktion zu.[306] Daneben sieht das Strafgesetzbuch in §§ 69 ff. StGB die Möglichkeit vor, einer Person die Fahrerlaubnis zu entziehen. Hierbei handelt es sich nicht um eine Strafe, sondern um eine Maßregel der Besserung und Sicherung, § 61 Nr. 5 StGB. Gem. § 69 Abs. 1 S. 1 StGB kann das Gericht jemandem, der wegen einer rechtswidrigen Tat, die er im Zusammenhang mit dem Führen eines Kraftfahrzeugs oder unter Verletzung

---

304 Bis auf Bayern haben alle Bundesländer von der Möglichkeit Gebrauch gemacht, durch Rechtsverordnung Regelungen zu treffen, wonach die Vollstreckungsbehörde dem Verurteilten gestatten kann, die Vollstreckung einer Ersatzfreiheitsstrafe durch freie Arbeit abzuwenden: In Baden-Württemberg wird z. B. gem. § 7 Abs. 1 S. 1 ErsFreihStrVO die Vollstreckung eines Tages der Ersatzfreiheitsstrafe durch vier Stunden freie Arbeit abgewendet. In Nordrhein-Westfalen sind gem. § 7 Abs. 1 S. 1 GStrTilgVO zur Tilgung eines Tagessatzes der Geldstrafe sechs Stunden freie Arbeit zu leisten. In Bayern kann nur auf dem Gnadenweg eine Ersatzfreiheitsstrafe in gemeinnützige umgewandelt werden, vgl. Nestler, in: MüKo-StPO, 2019, § 459e StPO Rdn. 13.

305 Fischer, StGB, 66. Aufl. 2019, § 44 StGB Rdn. 5; zum Fahrverbot siehe auch Krumm, Neues zum strafrechtlichen Fahrverbot, in: NJW 2018, S. 1738 ff.; Rebeler, Das Fahrverbot als allgemeine Nebenstrafe auch außerhalb der Verkehrsdelikte, in: SVR 2018, S. 446 ff.; Laubenthal/Nestler, Strafvollstreckung, 2. Aufl. 2018, S. 199 ff.

306 Athing/von Heintschel-Heinegg, in: MüKo-StGB, 3. Aufl. 2016, § 44 StGB Rdn. 1; Fischer, StGB, 66. Aufl. 2019, § 44 StGB Rdn. 5; Kinzig, in: Schönke/Schröder, Strafgesetzbuch, 30. Aufl. 2019, § 44 StGB Rdn. 1.

der Pflichten eines Kraftfahrzeugführers begangen hat, verurteilt wird oder nur deshalb nicht verurteilt wird, weil seine Schuldunfähigkeit erwiesen oder nicht auszuschließen ist, die Fahrerlaubnis entziehen, wenn sich aus der Tat ergibt, dass diese Person zum Führen von Kraftfahrzeugen ungeeignet ist.

Alte Straftäter betreffend ist wünschenswert, dem Fahrverbot den Charakter einer Hauptstrafe beizulegen, sodass das Fahrverbot unabhängig von der Verhängung einer Freiheits- oder Geldstrafe ausgesprochen werden kann.[307] Wie bereits dargestellt, ist der Strafverfolgungsstatistik des Statistischen Bundesamtes zu entnehmen, dass im Jahr 2017 47,14% der Verurteilten, die 60 Jahre oder älter waren, wegen Straftaten im Straßenverkehr verurteilt wurden.[308] Die Senioren fallen demnach vermehrt durch Straftaten im Straßenverkehr auf. Das Fahrverbot als Hauptstrafe würde bei ihnen nicht ausschließlich repressiven Zwecken, sondern auch präventiv der Gefahrenabwehr dienen. Gerade bei Straftaten Lebensälterer im Straßenverkehr wird den Strafzwecken durch Verhängung eines Fahrverbots eher Rechnung getragen als im Falle der Verhängung einer Freiheitsstrafe. In Betracht käme im Hinblick auf § 44 StGB die Einführung eines Absatzes 1a, der regelt, dass bei Straftätern höheren Lebensalters, die wegen Straftaten im Straßenverkehr strafrechtlich in Erscheinung getreten sind, ein Fahrverbot auch unabhängig von der Verurteilung zu einer Freiheits- oder Geldstrafe ausgesprochen werden kann.

An der Sinnhaftigkeit eines Fahrverbots als Hauptstrafe ändert auch die Möglichkeit zur Entziehung der Fahrerlaubnis nach § 69 StGB nichts. Im Gegensatz zum Fahrverbot greift die Entziehung der Fahrerlaubnis in die öffentlich-rechtliche Erlaubnis zum Führen von Kraftfahrzeugen ein und hebt diese mit Wirkung vom Zeitpunkt der Rechtskraft der strafgerichtlichen Entscheidung auf.[309] Die Fahrerlaubnis muss dann im Anschluss an die gem. § 69a Abs. 1 StGB zu benennende Sperrfrist neu beantragt werden. Insoweit kann die Entziehung der Fahrerlaubnis im Hinblick auf alte Straftäter durchaus zweckmäßig sein, da es der Verwaltungsbehörde in entsprechenden Fällen möglich bleibt, bei ihrer Entscheidung über die (erneute) Erteilung einer Fahrerlaubnis die Fahrtauglichkeit Lebensälterer zu prüfen. Zu beachten ist jedoch, dass die Fahrerlaubnis-Entziehung gem. § 69 StGB immer nur dann in Betracht kommt, wenn sich

307 Kritisch zum Fahrverbot als Hauptstrafe schon Kilger, „Fahrverbot als Hauptstrafe? Nein!“, in: ZRP 2009, S. 13 ff.

308 Statistisches Bundesamt, Fachserie 10, Reihe 3, 2017, S. 25.

309 Athing/von Heintschel-Heinegg, in: MüKo-StGB, 3. Aufl. 2016, § 69 StGB Rdn. 90; Fischer, StGB, 66. Aufl. 2019, § 69 StGB Rdn. 4; Kinzig, in: Schönke/Schröder, Strafgesetzbuch, 30. Aufl. 2019, § 69 StGB Rdn. 63.

der Täter als ungeeignet zum Führen von Kraftfahrzeugen erwiesen hat. Liegt diese Voraussetzung jedoch nicht vor, kommt eine Anwendung von § 44 StGB in Betracht. Alter an sich begründet nicht ohne weiteres die Ungeeignetheit zum Führen eines Kraftfahrzeugs.[310] Altersbedingte Abbauerscheinungen können aber bei der Gesamtwürdigung der körperlichen, geistigen und charakterlichen Voraussetzungen des Täters eine Rolle spielen. Dennoch sollte aufgrund der Zweispurigkeit des deutschen Sanktionensystems mit dem Fahrverbot als Hauptstrafe klargestellt werden, dass auf schuldhaftes Handeln mit einem Fahrverbot reagiert werden kann. Das Verhängen des Fahrverbots als Hauptstrafe wirkt sowohl repressiv wie auch präventiv, wohingegen die Maßregel der Besserung und Sicherung in Form der Entziehung der Fahrerlaubnis allein präventiv der Verkehrssicherheit dient.[311]

4. *Elektronisch überwachter Hausarrest und elektronische Aufenthaltsüberwachung*[312]

Bei dem elektronisch überwachten Hausarrest handelt es sich um eine Maßnahme, die im Wesentlichen die Pflicht des Überwachten beinhaltet, sich in seiner Unterkunft aufzuhalten.[313] Bei der elektronischen Aufenthaltsüberwachung werden Aufenthaltsdaten des Überwachten erhoben und es wird nicht nur die An- und Abwesenheit in Bezug auf die Wohnung kontrolliert.[314] Der wesentliche Unterschied dieser beiden Maßnahmen besteht in der Reichweite der Freiheitsbeschränkung. Beim elektronisch überwachten Hausarrest ist die Fortbewegungsfreiheit der betroffenen Person auf ihre Wohnung begrenzt, bei der elektronischen Aufenthaltsüberwachung kommt dem Überwachten mehr Bewegungsfreiheit zu, da er sich in einem räumlich abgegrenzten Bereich frei bewegen darf. Unter Umständen muss sich der Aufenthaltsüberwachte jedoch

---

310 Fischer, StGB, 66. Aufl. 2019, § 69 StGB Rdn. 17.

311 Athing/von Heintschel-Heinegg, in: MüKo-StGB, 3. Aufl. 2016, § 69 StGB Rdn. 2; Fischer, StGB, 66. Aufl. 2019, § 69 StGB Rdn. 2; Kinzig, in: Schönke/Schröder, Strafgesetzbuch, 30. Aufl. 2019, § 69 StGB Rdn. 3.

312 Hierzu siehe Dünkel/Thiele/Treig, Elektronische Überwachung von Straffälligen im europäischen Vergleich – Bestandsaufnahme und Perspektiven, 2017, S. 11 ff.; zum Hausarrest als Sanktionsform für Lebensältere siehe Schramke, Alte Menschen im Strafvollzug, 1996, S. 352 ff.

313 Hochmayr, Elektronisch überwachter Hausarrest – Gegenwart und Zukunft in Deutschland und Österreich, in: NStZ 2013, S. 13.

314 Hochmayr, Elektronisch überwachter Hausarrest – Gegenwart und Zukunft in Deutschland und Österreich, in: NStZ 2013, S. 14.

von bestimmten Standorten – wie z. B. Spielplätzen und Kindergärten – fernhalten.

Beide Maßnahmen sind in Deutschland weder als selbständige Sanktionsform noch als besondere Vollzugsart in das Gesetz aufgenommen worden.[315] Die elektronische Aufenthaltsüberwachung kann jedoch gem. § 68b Abs. 1 S. 1 Nr. 12 StGB im Rahmen der Führungsaufsicht als Weisung angeordnet werden. Bezogen auf den Strafvollzug sehen einige Bundesländer den Einsatz der elektronischen Aufenthaltsüberwachung vor, um entweder erteilte Weisungen (so Hessen in § 16 Abs. 3 S. 5 HStVollzG und Sachsen-Anhalt in § 45 Abs. 9 JVollzGB LSA) oder den Strafgefangenen bei der Ausführung (so Nordrhein-Westfalen in § 53 Abs. 4 StVollzG NRW) zu überwachen.

Der Vorteil des elektronisch überwachten Hausarrests als Sanktionsform eigener Art gegenüber alten Straftätern ist darin zu sehen, dass der für alte Menschen besonders belastende zwangsweise Umgebungswechsel vermieden wird, wobei eine Anordnung nur bei entsprechenden Lebensverhältnissen des Betroffenen in Frage kommt, um eine soziale Isolation zu vermeiden.[316]

Aufgrund der sowohl mit dem elektronischen Hausarrest wie auch mit der elektronischen Aufenthaltsüberwachung verbundenen gravierenden Beschränkungen – sämtliche Bewegungen des Betroffenen können permanent kontrolliert werden – kommt eine solche jedoch nur bei Straftätern in Betracht, die Straftaten von erheblicher Tragweite begehen und deren Schuld dementsprechend schwer wiegt. Deshalb stellen diese Maßnahmen für den Schwerpunkt der Kriminalität Lebensälterer keine Alternative zur Verbüßung einer Freiheitsstrafe dar.

C. Maßnahmen auf strafverfahrensrechtlicher Ebene: Hinzuziehung eines Sachverständigen

Sowohl im Ermittlungsverfahren als auch bei der Durchführung der Hauptverhandlung und im Vollstreckungsverfahren müssen sich die betroffenen Stellen einen umfassenden persönlichen Eindruck vom älteren Beschuldigten/Angeklagten/Verurteilten verschaffen, damit ihr Vorgehen den individuellen Gegebenheiten angepasst werden kann.[317] Dabei kann es sinnvoll sein, einen Sachverständigen zur Beurteilung des geistigen und körperlichen Zustands des

315 Laubenthal, Strafvollzug, 8. Aufl. 2019, Rdn. 6.

316 Schramke, Alte Menschen im Strafvollzug, 1996, S. 373.

317 Siehe auch Poltrock, Gleichbehandlung oder altersentsprechende Differenzierung?, 2013, S. 395 ff.

Beschuldigten/Angeklagten/Verurteilten heranzuziehen. Um dies zu gewährleisten, kommt eine Ergänzung der Richtlinien für das Strafverfahren und das Bußgeldverfahren (RiStBV) in Betracht. Nr. 69 S. 1 RiStBV regelt, dass ein Sachverständiger nur zugezogen werden soll, wenn sein Gutachten für die vollständige Aufklärung des Sachverhalts unentbehrlich ist. In einem neuen Absatz 2 ließe sich aufnehmen, dass bei Beschuldigten, die mindestens 60 Jahre alt sind und bei denen sich Hinweise auf altersbedingte Abbauerscheinungen ergeben, welche im Zusammenhang mit der Straftat stehen können, die Hinzuziehung eines Sachverständigen geboten ist.

Viele der bisher vorgeschlagenen Maßnahmen – die Änderungen von § 20, § 21 und § 46 StGB, die Einführung des Instituts eines Altenhelfers und auch die Vorgabe der Hinzuziehung eines Sachverständigen bei Vorliegen bestimmter Voraussetzungen – wirken darauf hin, den Blick von Polizei, Staatsanwaltschaft und Gericht stärker auf den älteren Täter zu lenken und ein entsprechendes Problembewusstsein zu schaffen. Nur so kann eine dem Einzelfall gerecht werdende Rechtsfolge gefunden werden.

D. Maßnahmen auf strafvollzuglicher Ebene

Bei älteren Strafgefangenen sind Vollzugsziel und -aufgabe in ihrer Bedeutung zu hinterfragen und ggf. anzupassen. Je nach Resozialisierungsbedarf oder Erfolgsaussicht der Resozialisierung muss der Schwerpunkt des Freiheitsstrafenvollzugs darauf liegen, den negativen Auswirkungen der Haftstrafe entgegenzuwirken, Behandlungsmaßnahmen zur Resozialisierung vorzunehmen oder ausschließlich die Allgemeinheit vor weiteren Straftaten zu schützen.[318]

So können sich z. B. das Resozialisierungserfordernis des Einzelnen und auch das Schutzbedürfnis der Allgemeinheit bei alten Menschen, die erstmalig straffällig werden, in Grenzen halten. Bei alten Gefangenen, die erstmals eine Haftstrafe verbüßen und zuvor sozial gut integriert waren, besteht das Ziel darin, den negativen Wirkungen des Strafvollzugs gegenzusteuern. Dies kann insbesondere durch das Aufrechterhalten bestehender Außenkontakte erfolgen. Bei denjenigen, die über keine Außenkontakte verfügen, kann es Sinn ergeben, solche mit Hilfe eines Vollzugshelfers zu erarbeiten. Anders verhält es sich jedoch, wenn die Straftat unter anderem auf Alterungsprozesse zurückzuführen ist. Dann sollte

318 Vgl. dazu Schramke, Alte Menschen im Strafvollzug, 1996, S. 340 ff., der hinsichtlich des Resozialisierungsziels zwischen verschiedenen Täterkategorien und -typen unterscheidet.

der Strafvollzug darauf abzielen, diese Altersdefizite zu erkennen und ihnen entgegenzuwirken.

Da das Strafvollzugsrecht bereits ausreichend Möglichkeiten bietet, die Ausgestaltung des Vollzugs an die Besonderheiten des Alters anzupassen, sind in rechtlicher Hinsicht keine Änderungen veranlasst. Allerdings ist es durchaus sinnvoll, die Bediensteten der Justizvollzugsanstalten auf den Umgang mit alten Gefangenen vorzubereiten und sie entsprechend zu schulen bzw. ggf. geeignetes Fachpersonal bereitzustellen. Dies kann gewährleisten, dass die nach den Strafvollzugsgesetzen vorhandenen Möglichkeiten auch bestmöglich genutzt werden und keine Unsicherheiten im Hinblick auf den Umgang mit alten Gefangenen entstehen.

E. Fazit

Strafrecht, Strafverfahrensrecht und Strafvollzugsrecht erlauben es zwar bereits, die Besonderheiten alter Beschuldigter/Angeklagter/Verurteilter/Inhaftierter angemessen zu berücksichtigen. Damit diese bestehenden Möglichkeiten in der Praxis aber voll ausgeschöpft werden können, bedarf es einiger Änderungen, die in erster Linie darauf ausgelegt sind, bestehende Unsicherheiten im Umgang mit alten Menschen zu beseitigen und Bewusstsein für altersspezifische Problemlagen und deren Lösungen zu schaffen. Daneben ist bezogen auf Lebensältere die Erweiterung des strafrechtlichen Sanktionenkatalogs angebracht, damit sich die Verhängung einer Freiheitsstrafe vermeiden lässt und andere Alternativen als ausschließlich die Verurteilung zu einer Geldstrafe zur Verfügung stehen.

In Anbetracht der durch diese Arbeit gewonnenen Erkenntnisse könnte man darüber nachdenken, ob in Zukunft dem Altsein nicht eine andere Altersgrenze als 60 Jahre zugrunde gelegt werden sollte. Es ist deutlich geworden, dass sich die Phase des Alters über mehrere Jahrzehnte erstreckt und dass sich die körperlichen, geistigen und sozialen Voraussetzungen der Mitglieder dieser Altersklasse gravierend unterscheiden. Gerade das Phänomen der jungen Alten mag für ein Heraufsetzen der Altersgrenze etwa auf 70 Jahre sprechen. In gewisser Weise ist 60 das neue 50. Die jungen Alten halten an ihrem bisherigen Leben fest, bleiben möglichst lange im Berufsleben, sind sozial integriert und körperlich fit. Gegen ein Heraufsetzen der Altersgrenze spricht jedoch, dass dies nicht die Regel darstellt. Es gibt auch diejenigen, die aufgrund von Krankheit, schlechtem Lebenswandel oder sozialer Isolation bereits mit 60 Jahren deutlich gealtert sind. Um den Betroffenen einen möglichst weiten Schutzbereich zu eröffnen, sollte die Grenze, ab wann jemand als alt gilt, bei 60 Jahren verbleiben.

Literaturverzeichnis

Albeck, Ellen: Die AG „Übergangsmanagement für alte Gefangene" in Baden-Württemberg, in: FS 1/2015, S. 28–30.

Albeck, Ellen: Strafvollzug an älteren Gefangenen in der Justizvollzugsanstalt Konstanz, Außenstelle Singen, in: Psychotherapie im Alter 3/2011 (online abrufbar unter: http://www.psychotherapie-im-alter.de/index.php?id=jva_konstanz_singen&L=1%27, letzter Aufruf 07.04.2019).

Albrecht, Hans Jörg/Dünkel, Frieder: Die vergessene Minderheit – Alte Menschen als Straftäter, in: Zeitschrift für Gerontologie 1981, S. 259–273.

Amelunxen, Clemens: Alterskriminalität, Verlag Kriminalistik, Hamburg 1960.

Arloth, Frank/Krä, Horst: StVollzG. Strafvollzugsgesetze Bund und Länder, 4. Aufl., C. H. Beck, München 2017.

Baier, Dirk/Bergmann, Marie Christine: Gewalt im Strafvollzug – Ergebnisse einer Befragung in fünf Bundesländern, in: FS 2/2013, S. 72–83.

Bausch-Hölterhoff, Josef: Es kommt nicht so sehr darauf an, wo ein Mensch stirbt, wichtig ist, wie er stirbt, in: ZfStrVo 2004, S. 96–99.

Beck, Susanne: Alter schützt vor Strafe nicht? Zugleich Besprechung der Verfahren gegen Demjanjuk und Boere, beides laufende Strafverfahren vor dem LG München II und LG Aachen, sowie BVerfG, Beschluss vom 15.10.2009, 2 BvR 2331/09; 2 BvR 2332/09; BVerfG, Beschluss vom 06.10.2009, 2 BvR 1724/09, in: HRRS 3/2010, S. 156–166.

Bennefeld-Kersten, Katharina: Was kann die Technik zur Suizidprävention beitragen?, in: FS 6/2010, S. 341–343.

Bertlings, Jasmin: Nichtannahmebeschluss: Vollstreckung einer Freiheitsstrafe gegen einen 96-Jährigen mit dessen Recht auf Leben und körperliche Unversehrtheit (Art. 2 Abs. 2 Satz 1 GG) vereinbar, in: jurisPR-StrafR 6/2018 Anm. 3.

Beulke, Werner/Swoboda, Sabine: Strafprozessrecht, 14. Aufl., C. F. Müller, Heidelberg 2018.

Bieneck, Steffen: Überlegungen zur Unterbringung von älteren Inhaftierten im Berliner Justizvollzug, in: FS 1/2015, S. 16–18.

Birkhoff, Hansgeorg/Lemke, Michael: Gnadenrecht. Ein Handbuch, C. H. Beck, München 2012.

Bock, Michael: Kriminologie, 5. Aufl., Verlag Franz Vahlen, München 2019.

Burhoff, Detlef: Anmerkung zu BGH, 02.08.2017 – 4 StR 190/17: Erstmals straffällig in hohem Alter, in: StRR 1/2018, S. 16.

Cornel, Heinz: Resozialisierung im Strafvollzug, in: Cornel, Heinz/Kawamura-Reindl, Gabriele/Sonnen, Bernd-Rüdeger (Hrsg.): Resozialisierung, Handbuch, 4. Aufl., Nomos, Baden-Baden 2018, S. 310–338 (zitiert: Bearb., in: Cornel/Kawamura-Reindl/Sonnen).

de Reese, Stephan: Enkeltrickbetrug. Aktuelle Phänomenologie und Klassifizierbarkeit als Organisierte Kriminalität aus Sicht der Landespolizei Berlin, in: Kriminalistik 3/2014, S. 191–195.

Detter, Klaus: Das Alter und das Strafrecht, in: Arbeitsgemeinschaft Strafrecht des Deutschen Anwaltsvereins: Strafverteidigung im Rechtsstaat. 25 Jahre Arbeitsgemeinschaft Strafrecht des Deutschen Anwaltvereins, Nomos, Baden-Baden 2009, S. 275–292.

Die Bediensteten der Seniorenstation der JVA Waldheim: Die Seniorenstation der JVA Waldheim, in: FS 1/2015, S. 13–15.

Dünkel, Frieder: Alte Menschen im Strafvollzug, in: ZfStrVo 1991, S. 350–357.

Dünkel, Frieder/Thiele, Christoph/Treig, Judith (Hrsg.): Elektronische Überwachung von Straffälligen im europäischen Vergleich – Bestandsaufnahme und Perspektiven, Forum Verlag Godesberg, Mönchengladbach 2017.

Ebbecke, Kerstin/Nadjiri, Salomon/Schauer, Roland: Das Niedersächsische Justizvollzugskrankenhaus in der JVA Lingen: Entwicklung und Veränderungsprozesse, in: FS 3/2013, S. 289–294.

Eisenberg, Ulrich/Kölbel, Ralf: Kriminologie, 7. Aufl., Mohr Siebeck, Tübingen 2017.

Englisch, Jochen: Ältere Menschen als Opfer von Straftaten. Auswirkungen des demografischen Wandels auf die Kriminalitätslage, in: Kriminalistik 4/2015, S. 263–267.

Feest, Johannes/Lesting, Wolfgang/Lindemann, Michael: Strafvollzugsgesetze Kommentar, 7. Aufl., Carl Heymanns Verlag, Köln 2017 (zitiert: Bearb., in: AK-StVollzG).

Ferrario, Roberta: Die Strafzumessung gegenüber älteren Straftätern im internationalen Vergleich: Deutschland, England & Wales und Italien, in: Kunz, Franziska/Gertz, Hermann-Josef (Hrsg.): Straffälligkeit älterer Menschen. Interdisziplinäre Beiträge aus Forschung und Praxis, Springer, Berlin, Heidelberg 2015, S. 77–88.

Feuerhelm, Wolfgang: Stellung und Ausgestaltung der gemeinnützigen Arbeit im Strafrecht, Eigenverlag Kriminologische Zentralstelle e. V., Wiesbaden, 1997.

Fichte, Günter: Strafvollzug an älteren Menschen – ein Plädoyer für eine eigene Vollzugsform, in: KrimPäd 45/2007, S. 33–36.

Fiedeler, Silke Maria: Sterben im Strafvollzug – Seismograph der Verfassung unseres Rechtsstaats?, in: ZfStrVo 5/2003, S. 285–287.

Fiedeler, Silke Maria: „In Würde sterben – auch im Strafvollzug?!" Studientag am 16.12.2013 in Haus Ortlohn/Iserlohn, in: ZfStrVo 2/2004, S. 100–102.

Fischer, Thomas: Strafgesetzbuch mit Nebengesetzen, 66. Aufl., C. H. Beck, München 2019.

Fleck, Volker: Zur Fortentwicklung des Seniorenvollzugs aus vollzugspraktischer Sicht – dargestellt am Modell Kornhaus (JVA Schwalmsttadt, Hessen), in: FS 6/2014, S. 409–412.

Fliedner, Gerhild: Altwerden in Unfreiheit. Eine Analyse über Verlauf und Folgen des Haftaufenthalts älterer Inhaftierter sowie Perspektiven zur Integration nach der Entlassung, Dissertation, Kassel 1994.

Fronmüller, Andreas: Eine vergessene Minderheit?! – Delinquenz und strafrechtliche Sanktionierung „alter Menschen", Institut für Sozialarbeit und Sozialpädagogik, Frankfurt am Main 1989.

Gercke, Björn/Julius, Karl-Peter/Temming, Dieter/Zöller, Mark Alexander (Hrsg.): Strafprozessordnung, 6. Aufl., C. F. Müller, Heidelberg 2019 (zitiert: Bearb., in: Gercke/Julius/Temming/Zöller).

Görgen, Thomas: Ältere und hochaltrige Gefangene – Herausforderung (und Entwicklungschance) für den Strafvollzug, in: KrimPäd 45/2007, S. 5–12.

Görgen, Thomas/Greve, Werner: Alte Menschen in Haft: der Strafvollzug vor den Herausforderungen durch eine wenig beobachtete Personengruppe, in: BewHi 2/2005, S. 117–130.

Graf, Jürgen-Peter (Hrsg.): BeckOK Strafvollzugsrecht Bund, 15. Edition, C. H. Beck, München 2019 (zitiert: Bearb., in: BeckOK-Strafvollzugsrecht Bund).

Greve, Werner/Mößle, Regine: Alt(ern) hinter Gittern – Strafe ohne Aussicht?, in: KrimPäd 45/2007, S. 4.

Hannich, Rolf (Hrsg.): Karlsruher Kommentar zur Strafprozessordnung mit GVG, EGGVG und EMRK, 8. Aufl., C. H. Beck, München 2019 (zitiert: Bearb., in: KK-StPO).

v. Heintschel-Heinegg, Bernd (Hrsg.): BeckOK StGB, 41. Edition, C. H. Beck, München 2019 (zitiert: Bearb., in: BeckOK-StGB).

Henkel, Heinrich: Strafempfindlichkeit und Strafempfänglichkeit des Angeklagten als Strafzumessungsgründe, in: Kuchinke, Kurt (Hrsg.): Rechtsbewahrung und Rechtsentwicklung. Festschrift für Heinrich Lange zum 70. Geburtstag, C. H. Beck, München 1970, S. 179–194.

Hirsch, Rolf: Aspekte zur Gewalt gegen alte Menschen in Deutschland. Situation – Prävention – Intervention, in: BewHi 2/2005, S. 149–165.

Hochmayr, Gudrun: Elektronisch überwachter Hausarrest – Gegenwart und Zukunft in Deutschland und Österreich, in: NStZ 2013, S. 13–19.

Hörnle, Tatjana: Straftheorien, 2. Aufl., Mohr Siebeck, Tübingen 2017.

Hostettler, Ueli/Marti, Irene/Richter, Marina: Lebensende im Justizvollzug. Gefangene, Anstalten, Behörden, Stämpfli Verlag, Bern 2016.

Joecks, Wolfgang/Miebach, Klaus (Hrsg.): Münchener Kommentar zum StGB, Band 1, §§ 1–37 StGB, 3. Aufl., C. H. Beck, München 2017 (zitiert: Bearb., in: MüKo-StGB).

Joecks, Wolfgang/Miebach, Klaus (Hrsg.): Münchener Kommentar zum StGB, Band 2, §§ 38–79b StGB, 3. Aufl., C. H. Beck, München 2016 (zitiert: Bearb., in: MüKo-StGB).

Joecks, Wolfgang/Miebach, Klaus (Hrsg.): Münchener Kommentar zum StGB, Band 5, §§ 263–358 StGB, 3. Aufl., C. H. Beck, München 2019 (zitiert: Bearb., in: MüKo-StGB).

Joecks, Wolfgang/Miebach, Klaus (Hrsg.): Münchener Kommentar zum StGB, Band 6, Nebenstrafrecht, 3. Aufl., C. H. Beck, München 2017 (zitiert: Bearb., in: MüKo-StGB).

Jünemann, Klaus: Gesetzgebungskompetenz für den Strafvollzug im föderalen System der Bundesrepublik Deutschland, Peter Lang, Frankfurt am Main 2012.

Kahl, Johannes: Strassenverkehrsdelinquenz älterer Menschen, Dissertation, Berlin 1983.

Kaiser, Günther: Kriminologie, 10. Aufl., C. F. Müller, Heidelberg 1997.

Kaiser, Günther/Schöch, Heinz: Strafvollzug, 5. Aufl., C. F. Müller, Heidelberg 2002.

Kerner, Hans-Jürgen: Alterskriminalität in Deutschland. Befunde und Probleme zu Strafverfolgung, Aburteilung, Strafvollstreckung und Strafvollzug, in: Gebauer, Martin/Isomura, Tamotsu/Kansaku, Hiroyuki/Nettesheim, Martin (Hrsg.): Alternde Gesellschaften im Recht. Japanisch-deutsches Symposium in Tübingen vom 3. bis 4. September 2012, Mohr Siebeck, Tübingen 2015, S. 199–220.

Keßler, Isabel: Theoretische Perspektiven zur Alterskriminalität, in: BewHi 2/2005, S. 131–148.

Keßler, Isabel: Straffälligkeit im Alter: Erscheinungsformen und Ausmaße, LIT Verlag, Berlin, Münster 2005.

Kilger, Hartmut: „Fahrverbot als Hauptstrafe? Nein!“, in: ZRP 2009, S. 13–15.

Kindhäuser, Urs/Schumann, Kay: Strafprozessrecht, 5. Aufl., Nomos, Baden-Baden 2019.

Knauer, Christoph (Hrsg.): Münchener Kommentar zur StPO, Band 3/1, §§ 333–499 StPO, C. H. Beck, München 2019 (zitiert: Bearb., in: MüKo-StPO).

Knauer, Christoph/Kudlich, Hans/Schneider, Hartmut (Hrsg.): Münchener Kommentar zur StPO, Band 1, §§ 1–150 StPO, C. H. Beck, München 2014 (zitiert: Bearb., in: MüKo-StPO).

Knauer, Christoph/Kudlich, Hans/Schneider, Hartmut (Hrsg.): Münchener Kommentar zur StPO, Band 2, §§ 151–332 StPO, C. H. Beck, München 2016 (zitiert: Bearb., in: MüKo-StPO).

Körner, Harald: Sexualkriminalität im Alter, Enke Verlag, Stuttgart 1977.

Kreuzer, Arthur/Hürlimann, Michael: Alte Menschen in Kriminalität und Kriminalitätskontrolle – Plädoyer für eine Alterskriminologie, in: Kreuzer, Arthur/Hürlimann, Michael (Hrsg.:): Alte Menschen als Täter und Opfer, Alterskriminologie und humane Kriminalpolitik gegenüber alten Menschen, Lambertus Verlag, Freiburg i. Br. 1992. S. 13–85.

Kröber, Hans-Ludwig: Anmerkung zu BGH, 11.08.1998 – 1 StR 338–98 (LG Stuttgart): Altersbedingte Schuldminderung bei sexuellem Missbrauch, in: NStZ 1999, S. 297–299.

Krumm, Carsten: Neues zum strafrechtlichen Fahrverbot, in: NJW 2018, S. 1738–1740.

Kunz, Franziska: Kriminalität älterer Menschen. Beschreibung und Erklärung auf der Basis von Selbstberichtsdaten, Duncker & Humblot, Berlin 2014.

Lachmund, Christine: Der alte Straftäter. Die Bedeutung des Alters für Kriminalitätsentstehung und Strafverfolgung, LIT Verlag, Berlin, Münster 2011.

Lackner, Karl/Kühl, Kristian: Strafgesetzbuch, 29. Aufl., C. H. Beck, München 2019 (zitiert: Bearb., in: Lackner/Kühl).

Laubenthal, Klaus: Alterskriminalität und Altenstrafvollzug, in: Schneider, Hendrik/Kahlo, Michael/Klesczewski, Diethelm/Schumann, Heribert (Hrsg.): Festschrift für Manfred Seebode zum 70. Geburtstag am 15. September 2008, de Gruyter, Berlin 2008, S. 499–511.

Laubenthal, Klaus: Strafvollzug an älteren Menschen, in: Kunz, Franziska/Gertz, Hermann-Josef (Hrsg.): Straffälligkeit älterer Menschen. Interdisziplinäre Beiträge aus Forschung und Praxis, Springer, Berlin, Heidelberg 2015, S. 131–142.

Laubenthal, Klaus: Strafvollzug, 8. Aufl., Springer, Berlin, Heidelberg 2019.

Laubenthal, Klaus/Nestler, Nina: Strafvollstreckung, 2. Aufl., Springer, Berlin, Heidelberg 2018.

Laubenthal, Klaus/Nestler, Nina/Neubacher, Frank/Verrel, Thorsten: Strafvollzugsgesetze, 12. Aufl., C. H. Beck, München 2015 (zitiert: Bearb., in: Laubenthal/Nestler/Neubacher/Verrel).

Laue, Christian: Strukturen der Alterskriminalität, in: FPPK 2009, S. 179–188.

Legat, Maria-Rebecca: Ältere Menschen und Sterbenskranke im Strafvollzug, Peter Lang Verlag, Frankfurt am Main 2009.

Lindner, Josef Franz: Sterbehilfe für Strafgefangene?, in: StV 8/2015, S. 522–524.

Meier, Bernd-Dieter: Kriminologie, 5. Aufl., C. H. Beck, München 2016.

Meyer-Goßner, Lutz/Schmitt, Bertram: Strafprozessordnung mit GVG und Nebengesetzen, 62. Aufl., C. H. Beck, München 2019 (zitiert: Bearb., in: Meyer-Goßner/Schmitt).

Mößle, Regine: Altern hinter Gittern – Wie kann Intervention bei älteren Gefangenen gelingen?, in: Wischka, Bernd/Pecher, Willi/van den Boogaart, Hilde (Hrsg.): Behandlung von Straftätern. Sozialtherapie, Maßregelvollzug, Sicherungsverwahrung, Centaurus-Verlag, Freiburg i. Br. 2013, S. 548–556.

Mößle, Regine/Greve, Werner: Gelingendes Altern im Strafvollzug – Überlegungen zu einer scheinbar paradoxen Konstellation, in: KrimPäd 45/2007, S. 37–42.

Neubacher, Frank: Kriminologie, 3. Aufl., Nomos Verlag, Baden-Baden 2017.

Oberfeld, Martin: Unterbringung und Behandlung lebensälterer und pflegebedürftiger Menschen in der Pflegeabteilung der JVA Hövelhof, in: FS 1/2015, S. 19–21.

Oğlakcıoğlu, Mustafa Temmuz: Betäubungsmittelrechtliche Entscheidungen des BVerfG sowie der Ober- und Instanzgerichte – 1. Teil, in: NStZ-RR 2018, S. 297–300.

Petersen, Johannes/Kunze, Sabrina/Thiel, Andreas/Fiedler, Georg/Briken, Peer/-Püschel, Klaus: Todesfälle von Inhaftierten in Hamburg 1996–2012 – Vorschläge zur Suizidprävention im Gefängnis, in: Archiv für Kriminologie 239/2017, S. 73–86.

Pohlmann, Hans/Jabel, Hans-Peter/Wolf, Thomas: Strafvollstreckungsordnung und gesetzliche Grundlagen, 9. Aufl., Gieseking Verlag, Bielefeld 2016 (zitiert: Bearb., in: Pohlmann/Jabel/Wolf).

Pollähne, Helmut/Woynar, Ines: Verteidigung in Vollstreckung und Vollzug, 5. Aufl., C. F. Müller, Heidelberg 2014.

Poltrock, Nina: Gleichbehandlung oder altersentsprechende Differenzierung? Brauchen wir ein besonderes „Altersstrafrecht"?, Forum Verlag Godesberg, Mönchengladbach 2013.

Porada, Wilfried: Seniorenabteilung: Gemeinsame (altersgerechte) Unterbringung älterer Gefangener oder zielgruppenspezifischer Behandlungsvollzug? Erfahrungen und aktuelle Entwicklungen aus der JVA Schwalmstadt, in: KrimPäd 45/2007, S. 23–26.

Rabe, Klaus/Konrad, Norbert: Aktuelle Aspekte des Gefängnissuizids, in: FPPK 2010, S. 182–192.

Rebeler, Adolf: Das Fahrverbot als allgemeine Nebenstrafe auch außerhalb der Verkehrsdelikte, in: SVR 2018, S. 446–450.

Rengier, Rudolf: Strafrecht Allgemeiner Teil, 10. Aufl., C. H. Beck, München 2018.

Rennhak, Peter: Alte Menschen im Justizvollzug – Erfahrungen aus Baden-Württemberg, in: KrimPäd 45/2007, S. 19–22.

Roxin, Claus: Strafrecht Allgemeiner Teil Band I: Grundlagen. Der Aufbau der Verbrechenslehre, 4. Aufl., C. H. Beck, München 2006.

Roxin, Claus/Schünemann, Bernd: Strafverfahrensrecht, 29. Aufl., C. H. Beck, München 2017.

Schäfer, Gerhard/Sander, Günther M./v. Gemmeren, Gerhard: Praxis der Strafzumessung, 6. Aufl., C. H. Beck, München 2017.

Schaumann, Karsten: Alter, Krankheit und Behinderung im deutschen Strafrecht, insbesondere im Strafzumessungsrecht, Peter Lang, Frankfurt am Main 2000.

Schmitt, Günther: Verhütung von Suizid und Suizidversuchen im Justizvollzug, in: BewHi 4/2006, S. 291–307.

Schollbach, Stefanie/Krüger, Maik: Alte Menschen im Strafvollzug. Eine Bestandsaufnahme über den Vollzugsalltag in Deutschland, in: FS 3/2009, S. 130–137.

Schönke, Adolf/Schröder, Horst: Strafgesetzbuch, 30. Aufl., C. H. Beck, München 2019 (zitiert: Bearb., in: Schönke/Schröder).

Schramke, Hein-Jürgen: Alte Menschen im Strafvollzug. Empirische Untersuchung und kriminalpolitische Überlegungen, Forum Verlag Godesberg, Bonn 1996.

Schrep, Bruno: „Sie gehen jetzt zur Bank", in: DER SPIEGEL 3/2019, S. 48–50.

Schwind, Hans-Dieter: Kriminologie und Kriminalpolitik. Eine praxisorientierte Einführung mit Beispielen, 23. Aufl., C. F. Müller, Heidelberg 2016.

Schwind, Hans-Dieter/Böhm, Alexander/Jehle, Jörg-Martin/Laubenthal, Klaus (Hrsg.): Strafvollzugsgesetz – Bund und Länder, 6. Aufl., de Gruyter, Berlin 2013 (zitiert: Bearb, in: Schwind/Böhm/Jehle/Laubenthal).

Skirl, Michael: „In Würde sterben – auch im Vollzug?". Plädoyer für die Annäherung an ein Tabu, in: ZfStrVo 5/2003, S. 283–285.

Stieber, Rolf: Seelsorgliche Sterbebegleitung im Gefängnis. Erfahrungen und Reflexionen, in: ZfStrVo 5/2003, S. 287–291.

Stieber, Rolf: „Bedenken, dass wir sterben müssen" – ein Beitrag zu einem veränderten Umgang mit Sterben und Tod hinter Gittern, in: ZfStrVo 6/2005, S. 355–357.

Streng, Franz: Strafzumessung bei Tätern mit hohem Lebensalter, in: JR 7/2007, S. 271–275.

Tews, Hans Peter: Soziologie des Alterns, 3. Aufl., Quelle & Meyer, Heidelberg 1979.

Walter, Michael: Halbstrafenaussetzung – ein ungenutztes Institut zur Verringerung des Freiheitsentzugs, in: NStZ 1989, S. 405–417.

Walter, Ulla/Flick, Uwe/Neuber, Anke/Fischer, Claudia/Schwartz, Friedrich-Wilhelm: Alt und gesund? Altersbilder und Präventionskonzepte in der ärztlichen und pflegerischen Praxis, VS Verlag für Sozialwissenschaften, Wiesbaden 2006.

Walther, Felix: Zur Verschränkung von Strafprozess-, Europa- und Verfassungsrecht, in: ZJS 1/2013, S. 16–23.

Weilbächer, Lutwin/Klein, Lutz: Zielgruppenorientiertes Übergangsmanagement im hessischen Justizvollzug, in: FS 2/2009, S. 67–70.

Wessels, Johannes/Beulke, Werner/Satzger, Helmut: Strafrecht Allgemeiner Teil, 48. Aufl., C. F. Müller, Heidelberg 2018.

Zahn, Wilfried: Die Lebensälterenabteilung der JVA Detmold, in: FS 6/2014, S. 404–408.

Zieschang, Frank: Strafrecht Allgemeiner Teil, 5. Aufl., Boorberg, Stuttgart 2017.

Abbildungsverzeichnis

Tabellenverzeichnis

Abkürzungsverzeichnis

A

Abs.
- Absatz

AK-StVollzG
- Strafvollzugsgesetze-Kommentar von Feest/Lesting/Lindemann

Anm.
- Anmerkung

Art.
- Artikel

AufenthG
- Aufenthaltsgesetz

Aufl.
- Auflage

B

Bay. GVBl.
- Bayerisches Gesetz- und Verordnungsblatt

BayStVollzG
- Bayerisches Strafvollzugsgesetz

Bbg. GVBl.
- Brandenburgisches Gesetz- und Verordnungsblatt

BbgJVollzG
- Brandenburgisches Justizvollzugsgesetz

Bearb.
- Bearbeiter/in

BeckOK
- Beck'scher Online-Kommentar

BeckRS
- Beck Rechtsprechung

ber.
- berichtigt

BewHi
- Bewährungshilfe (Zeitschrift)

BGH
- Bundesgerichtshof

BKA
- Bundeskriminalamt

Brem. GBl.
- Bremisches Gesetzblatt

BremStVollzG
- Bremisches Strafvollzugsgesetz

bspw.
- beispielsweise

BV
- Bayerische Verfassung

BVerfG
- Bundesverfassungsgericht

BW
- Baden-Württemberg

BZR
- Bundeszentralregister

bzw.
- beziehungsweise

C

ca.
- circa

D

d.h.
- das heißt

DDR
- Deutsche Demokratische Republik

ders.
- derselbe

dies.
- dieselbe

E

e. V.

– eingetragener Verein
Einl.
– Einleitung
ErsFreihStrVO
– Ersatzfreiheitsstrafen-Verordnung
EuGRZ
– Europäische Grundrechte-Zeitschrift

F
f.
– folgende
FD-StrafR
– Fachdienst Strafrecht
ff.
– fortfolgende
FPPK
– Forensische Psychiatrie, Psychologie, Kriminologie
FS
– Forum Strafvollzug

G
GBl. BW
– Gesetzblatt für Baden-Württemberg
gem.
– gemäß
GG
– Grundgesetz
ggf.
– gegebenenfalls
GStrTilgVO
– Geldstrafentilgungsverordnung
GV. NRW
– Gesetz und Verordnungsblatt Nordrhein-Westfalen
GVBl. Bln
– Gesetz- und Verordnungsblatt Berlin
GVBl. LSA
– Gesetz- und Verordnungsblatt Sachsen-Anhalt
GVBl. RLP
– Gesetz- und Verordnungsblatt Rheinland-Pfalz
GVG
– Gerichtsverfassungsgesetz
GVOBl. M-V
– Gesetz- und Verordnungsblatt Mecklenburg-Vorpommern
GVOBl. Schl.-H.
– Gesetz- und Verordnungsblatt Schleswig-Holstein

H
Hess. GVBl.
– Hessisches Gesetz- und Verordnungsblatt
Hmb. GVBl.
– Hamburgisches Gesetz- und Verordnungsblatt
HmbStVollzG
– Hamburgisches Strafvollzugsgesetz
HRRS
– Onlinezeitschrift für Höchstrichterliche Rechtsprechung zum Strafrecht
HStVollzG
– Hessisches Strafvollzugsgesetz

I
i. d. F.
– in der Fassung
i. V. m.
– in Verbindung mit
IMK
– Innenministerkonferenz

J
JGG
– Jugendgerichtsgesetz

JR
- Juristische Rundschau

jurisPR-StrafR
- Juris Praxisreport Strafrecht

JVA
- Justizvollzugsanstalt

JVollzGB
- Justizvollzugsgesetzbuch

JVollzGB LSA
- Justizvollzugsgesetzbuch Sachsen-Anhalt

K

KK
- Karlsruher Kommentar

KrimPäd
- Kriminalpädagogische Praxis

L

LandesR
- Landesrecht

LG
- Landgericht

LJVollzG RLP
- Landesjustizvollzugsgesetz Rheinland-Pfalz

LStVollzG SH
- Landesstrafvollzugsgesetz Schleswig-Holstein

M

m. Anm.
- mit Anmerkung

MüKo
- Münchener Kommentar

N

Nds. GVBl.
- Niedersächsisches Gesetz- und Verordnungsblatt

NJVollzG
- Niedersächsisches Justizvollzugsgesetz

NJW
- Neue Juristische Wochenschrift

Nr.
- Nummer

NS
- Nationalsozialismus

NStZ
- Neue Zeitschrift für Strafrecht

O

OLG
- Oberlandesgericht

P

PDF
- Portable Document Format

Pkw
- Personenkraftwagen

R

räuber.
- räuberischer

Rdn.
- Randnummer

RiStBV
- Richtlinien für das Strafverfahren und das Bußgeldverfahren

RR
- Rechtsprechungs-Report

S

S.
- Satz
- Seite

SächsGVBl.
- Sächsisches Gesetz- und Verordnungsblatt

SächsStVollzG
- Sächsisches Strafvollzugsgesetz

SGB
- Sozialgesetzbuch

SL Amtsbl.
- Saarländisches Amtsblatt

SLStVollzG
- Saarländisches Strafvollzugsgesetz

sog.
- sogenannte/r

SS
- Schutzstaffel

StGB
- Strafgesetzbuch

StPO
- Strafprozessordnung

StRR
- Straf Rechts Report

StrVollstrO
- Strafvollstreckungsordnung

StV
- Strafverteidiger (Zeitschrift)

StVollzG
- Strafvollzugsgesetz

StVollzG Bln
- Strafvollzugsgesetz Berlin

StVollzG M-V
- Strafvollzugsgesetz Mecklenburg-Vorpommern

StVollzG NRW
- Strafvollzugsgesetz Nordrhein-Westfalen

SVR
- Straßenverkehrsrecht

T

Thür. GVBl.
- Thüringer Gesetz- und Verordnungsblatt

ThürJVollzGB
- Thüringer Justizvollzugsgesetzbuch

U

u. a.
- unter anderem

V

Verf.
- Verfasser/in

vgl.
- vergleiche

Vorb.
- Vorbemerkung

W

WHO
- World Health Organization

Z

z. B.
- zum Beispiel

ZfStrVo
- Zeitschrift für Strafvollzug und Straffälligenhilfe

ZJS
- Zeitschrift für das Juristische Studium

Warschauer Studien zur Kultur- und Literaturwissenschaft

Herausgegeben von Karol Sauerland

Band/Vol. 1 Andrzej Walicki: Encounters with Isaiah Berlin. Story of an Intellectual Friendship. 2011.

Band/Vol. 2 Karol Sauerland: Dreißig Silberlinge. Das Phänomen Denunziation. 2012.

Band/Vol. 3 Barbara L. Surowska: Auf Rilkes Wegen. 2012.

Band/Vol. 4 Grażyna Kwiecińska (Hrsg.): Die Dialektik des Geheimnisses. 2013.

Band/Vol. 5 Joanna Flinik/Barbara Widawska (Hrsg.): Identität und Alterität. 2014.

Band/Vol. 6 Aneta Jachimowicz / Alina Kuzborska / Dirk H. Steinhoff (Hrsg.): Imaginationen des Endes. 2015.

Band/Vol. 7 Monika Tokarzewska: Rettung vor Bodenlosigkeit. Neues Anfangsdenken und kosmologische Metaphern bei Locke, Leibniz, Kant, Fichte, Novalis und Jean Paul. 2015.

Band/Vol. 8 Karol Sauerland/Yvonne Pörzgen (Hrsg.): Das kulturelle Gedächtnis Europas im Wandel. Literatur über Shoa und Gulag. 2016.

Band/Vol. 9 Maria Gierlak/Małgorzata Klentak-Zabłocka/Thorsten Unger (Hrsg.): Literarische Erinnerung an den Ersten Weltkrieg in Regionen Mitteleuropas. 2017.

Band/Vol. 10 Aneta Jachimowicz: Gegen den Kanon – Literatur der Zwischenkriegszeit in Österreich. 2017.

Band/Vol. 11 Anna Wołkowicz (Hrsg.): Der Erste Weltkrieg in der Literatur. Zwischen Autobiografie und Geschichtsphilosophie. 2018.

Band/Vol. 12 Hartmut Michael Kühn: Polen im Ersten Weltkrieg. Der Kampf um einen polnischen Staat 1914 bis 1918. 2018.

Band/Vol. 13 Ewa Wojno-Owczarska (Hrsg.): Literarische Katastrophendiskurse im 20. und 21. Jahrhundert. 2019.

Band/Vol. 14 Krzysztof Kłosowicz (Hrsg.): Arnold Zweig zum fünfzigsten Todestag. 2019.

Band/Vol. 15 Anna Wołkowicz (Hrsg.): Der Erste Weltkrieg in Mitteleuropa. Kultur und Gesellschaft im Umbruch. 2020.

Band/Vol. 31 Simona Markert: Der bayerische Jugendstrafvollzug in Theorie und Praxis. 2012.

Band/Vol. 32 Klaus Jünemann: Gesetzgebungskompetenz für den Strafvollzug im föderalen System der Bundesrepublik Deutschland. 2012.

Band/Vol. 33 Lars Firchau: Das fachgerichtliche Rechtsbehelfssystem der Untersuchungshaft sowie die Regelung des Vollzuges. 2013.

Band/Vol. 34 Sabine Carl: Proliferation and Implementation of Prison Ombudsmen. 2013.

Band/Vol. 35 Maximiliane Friederich: John Howard und die Strafvollzugsreformen in Süddeutschland in der ersten Hälfte des 19. Jahrhunderts. 2013

Band/Vol. 36 Daniela Ruderich: Führungsaufsicht. 2014.

Band/Vol. 37 Susanne Witz: Importware Frau. 2017.

Band/Vol. 38 Sabine Gröne: Der Trennscheibeneinsatz beim Besuchsempfang von Strafgefangenen. 2019.

Band/Vol. 39 Stephanie Schwab: Strafvollzug an alten Gefangenen. 2020

www.peterlang.com

Kolibri 360 GmbH
Ferdinand-Jühlke-Straße 7
99095 Erfurt, Deutschland
produktsicherheit@kolibri360.de

Druck:
CPI Druckdienstleistungen GmbH
im Auftrag der
Kolibri 360 GmbH
Ferdinand-Jühlke-Str. 7
99095 Erfurt